知的生きかた文庫

「また会いたい」と思われる人

鹿島しのぶ

三笠書房

はじめに――ちょっとしたことで、驚くほど印象は変わる

「あぁ、あの人とまた会いたいな！」

誰しも、そう思えるような素敵な人と出会ったことがあるでしょう。

優しい人、信頼できる人、かわいい人、かっこいい人、明るい人、面白い人など、「また会いたい」と思える人の定義はさまざまですが、そんな人といっしょに時を過ごすのはとても楽しいことです。

また、そんな人と会うことでとても多くのことを学べます。彼ら、彼女らは、きっと自分を大きく成長させてくれますし、周囲の人との人間関係はもちろん、仕事、人生も大きく好転させてくれるでしょう。

でも、待っているだけでは、そんな素敵な人とはなかなか出会えません。そもそも、あなた自身に魅力がなければ出会いのきっかけをつかむことはできませんし、またせっかく出会っても、その関係をさらに深めていくことはできないでしょう。

つまり、あなたが「また会いたい」と思える人と出会い、さらにその関係を深めていくには、あなた自身が「また会いたい」と思ってもらえる人にならなければいけません。

では、どうすれば、そんな「また会いたい」と思ってもらえる人になれるのでしょうか？

それは、そんなに難しいことではありません。

そのポイントは、ほんのちょっとしたところにあります。でも、そのちょっとしたところで人の印象は大きく変わるのです。たとえば……。

●相手の「ひそかな自慢話」を褒める人
●上手に「根回し」ができる人
●「二度目のお礼」が言える人
●なぜか「別れ際」が気持ちいい人
●相手の家族の話を覚えている人
●絶対、偉ぶらない人
●人のアドバイスどおりにやってみる人

まず、優しさ、思いやり、親切といった人間関係の基本を知ったうえで、嫌われることを避けること、そして自分の好感度をアップして、相手を喜ばせるポイントを学べばいいのです。

あとは、そうして身につけたことを、自然な形でアピールすればいいだけ。そうすれば、たちまちあなたも好かれ、信頼され、「また会いたい」と思われる人になれるのです。

私はこれまで、プロの司会者として、また駿台トラベル&ホテル専門学校のブライダル学科長として、接客や接遇のプロを育てる活動をしてきました。本書では、その経験を通して学んだり、感じたりしたことを、さまざまなエピソードとともに紹介していきます。その中にはきっと、あなたが「また会いたい」と思われる人になるためのヒントがたくさんあるはずです。

本書が、あなたがもっと魅力的な人になって、より充実した人間関係を育て、仕事で結果を出し、豊かな人生を送るための一助になることを心から願っています。

鹿島しのぶ

目次

2章 ここで「嫌われない」
――ちょっとしたことで差がつく、その人の好感度

3章 ここで「喜ばせる」
——だから、この人とは「何度でも会いたくなる」

4章 ここで「アピールする」
――あなたの「魅力」や「個性」は、どこにある？

5章 ここで「信頼される」

――「人」も「チャンス」もどんどん引き寄せる秘訣

編集協力／(有)ザ・ライトスタッフオフィス
本文ＤＴＰ／株式会社 Ｓｕｎ Ｆｕｅｒｚａ

1章

ここで「気を使う」

——優しさ、親切、思いやり……人間関係の基本

気配りの基本

自分からまず動く

私は、ホテルの結婚披露宴などで司会の仕事をしていますが、あるとき、とても素敵なシーンを目撃しました。

ホテルの裏口から、納品に来た業者の男性が、段ボール箱二箱を抱えて入ってきました。すごく重そうでした。

そこに細身の女性がスッと歩み寄り、「お持ちします」と言って上の一箱を取って運びはじめたのです。

その女性は、そのホテルのマネジメント部門のトップに近い役職にある人でした。

私はその姿を見て、「これくらいの立場の人でも、ここまでするんだ」と思うのと同時に、「気配りというのは、こうやってすぐに動けることが大事なんだ」とあらためて思いました。

「目配り、気配りの基本は、自分がまず動くこと」です。

仕事ができる人、成功している人を思い浮かべたとき、共通しているのが、フットワークのよさであるように思います。

私は、後進の育成にも力を注ぎ、駿台トラベル&ホテル専門学校のブライダル学科長として、学生の指導もしてきました。

先日、駿台トラベル&ホテル専門学校の教え子で、現在、ヘアメイクアーティストとして活躍している女性に会いました。

彼女は、ある大きなプロジェクトを任され、その仕事を成功させるためにアドバイスが欲しいということなので、相談に乗ったのですが、私への気遣いの完璧さに驚きました。

たとえばエレベーターに乗るとき、ドアを押さえて私を先に通し、自分が乗るやいなや、行き先階のボタンをサッと押し、いっしょにエレベーターに乗っている知らない方への気配りも忘れない。

カフェに入れば、すぐに席を見つけ、いち早く私を上席に案内し、メニューを開き、私が飲み物を決めるとすかさずタイミングよくウェーターを呼び止めて注文する。

ふだんからホテル・ブライダル関係の方とのお付き合いが多い私も、ここまでさりげなくスマートに気配りができる人にはめったに会うことはなく、教え子ながら、素敵な女性に成長したことに感動しました。

聞けば、彼女が指導していただいているヘアメイクの先生は、とても気配りに長けている人だとか。その先生のアシスタントとして仕事をするときには、少しでもぼーっとしていると、アシスタントがすべき仕事も先生がこなしてしまうのだそうです。それではいけない——と、先読みして日々仕事をしているうちに、周りのことがよく見え、気配りができるようになったというのです。

彼女のように、どんなささいなことにも気を抜かず、**すぐに動く努力をしていると、「気配りができる人」と認められ、大きなプロジェクトを任されるまでに成長するの**ですね。

コミュニケーションの第一歩

相手の表情をよく見る

私が専門学校で学生を教えていたとき、日頃からできるだけ学生一人ひとりの**「表情をよく見る」**ように心がけていました。何か心配ごとや困りごとがあると、それが表情に必ず出るからです。

特に**朝いちばんに見かけたとき、表情や態度がふだんと違うと感じたときは、必ず「○○さん、どうしました？　何かありました？」と名前を呼んで話しかける**ようにしていました。

たいていは、「今日は寝坊してノーメイクなの」などという他愛もない答えが返ってきます。なかには朝はいつも不機嫌な顔をしている学生もいて、「いいえ、べつに。いつもと同じですよ」なんてぶっきらぼうな返事をされたりします。

それでもいいのです。

こんなふうに声をかけて、学生たちとのコミュニケーションを取るためのちょっとしたきっかけをつくることが大切なのです。

でも、ときには「じつは昨日、母が入院して……」などと、たいへんな状況に直面している学生もいました。

そんなときは、話をしっかり聞いてあげて、「何か困ったことがあったら、いつでも相談してね」と言うようにしていました。それだけでもその学生に対する励ましになると思ったからです。

ある年のことです。卒業する学生が、「先生はいつも私たちのほんのささいな変化にも気づいてくれた」と言ってくれました。

実際は、私が気づけずにいたこともたくさんあったと思いますが、私が学生たちのことをよく見ているように、学生たちも私のことをちゃんと見てくれていたのだと思い、こみあげてくるものがありました。

なんだか自分が励まされているような気持ちになりましたし、「来年からも、もっともっと、学生たちの表情を読み取り、見逃さないようにしなくては」と思いを新たにしたものです。

人は一人では生きていけません。悲しいことやたいへんなことに出合ったときに、気づいてくれて、寄り添ってくれる人の存在は、やっぱり大きいものです。

世の中には、自分のことでいっぱいいっぱいになって、他の人のことにまで気が回らない人もいます。でも、それでは周りの人といい関係を築くことはできないでしょうし、豊かな人生を送れないでしょう。

相手の「表情」をよく観察して、変化に気づく。
そして、ひと声かける。

簡単なことのようでいて、なかなか実践できないことかもしれません。でも、上司と部下の関係でも、友人同士でも、恋人同士でも、家族でも、それがお互いにできてこそ、すばらしい人間関係が築けると思います。

好感度の上げ方

「ノリの合う人」と思わせる

ノリが合う人といっしょにいるのは楽しいものです。

でもそうでない人が相手だと苦痛ですよね。

プライベートな関係であれば、ノリが合わない人とは付き合わなければいいだけの話ですが、ビジネスの場ではそうはいきません。

でも、この「ノリが合う・合わない」というのは、それほど深刻に悩む問題ではないと思います。**「自分のほうが、ノリのいい人になってしまえばいい」**のです。

私たち司会者は、いろいろなお客様の要望にいかにうまく応えていくかが仕事です。それぞれのお客様に合わせて、こちらの対応のしかたも変えていかなければなりません。つまり、**相手のノリに自分のノリを合わせていく**のです。

お客様の中には、とても落ち着いた、それこそインテリ然とした方もいらっしゃれば、まるで女子高生のようにキャピキャピした方もいらっしゃいます。

そんなさまざまなお客様と打ち合わせをするのにワンパターンのノリでは通用しません。お客様に合わせて、こちらのノリを変えていくのは当然のことでしょう。

たとえば、とても落ち着きのあるインテリ然とした方の場合は、当然、こちらもその方の雰囲気に合わせて、落ち着いた対応をしなければなりません。

そういう方の場合、こちらを信頼していただくために、ちょっと背伸びしてでも、お客様の業界のこともひととおりわかっていますよ、というところを見せる必要があります。

たとえば、相手がメーカーの方なら、「御社の商品○○は業界でもトップクラスのシェアを誇っていらっしゃいますよね」とか、「たしか、○○にも海外支店をお持ちですよね」などと申し上げ、話を盛り上げるきっかけをつかみます。

自分の会社が自慢したいところを知っている相手に悪い印象を持つ人はいません。だからノリはグンとよくなります。

そういう意味では、**事前のリサーチがとても重要**です。たとえば、企業のイベントの司会をする場合など、どんな会社なのか、業績はどうなのか、打ち合わせに来られる担当の方がどんな立場なのか、などを確認しておくのは基本中の基本と言えるでしょう。

また、結婚披露宴の打ち合わせで、新郎新婦が二〇歳そこそこの若いカップルの場合など、こちらがかしこまった対応をしていると、慇懃無礼《いんぎんぶれい》な印象を持たれてしまい、話がなかなかうまく進まないこともあります。

そういう場合は、私のほうが少々無理をしてでも〝キャピキャピ作戦〟に打って出ます。「なんか、こうで、こうで、こうだったんですけど、鹿島さんどう思います？」などと言われたら、「それって、ちょっとやばくない？」なんて返したりします（笑）。

そう言うと、「えーっ！　鹿島さんもそんな言葉使うんですか」とちょっとびっくりする方もいらっしゃいますが、「でも、ご安心くださいね。披露宴ではもちろん使いませんから」なんて返してさしあげると、「わかってますよ～」と、盛り上がったりするものです。

結婚披露宴の打ち合わせの場合は、プランナーさんから事前にお客様の情報が入ってくることもありますが、基本的には、お二人のプロフィールをうかがいながら、その場で臨機応変に対応・対処していくことになります。

司会者の場合、新郎新婦と打ち合わせができるのは、基本的に一回だけです。それで信用を得ないといけないわけですから、〝キャピキャピ作戦〟も真剣なのです。

また、今の若い人を相手にするときには、「話を振ったほうがいい」と思います。

こちらから一方通行で話をしても、なかなか聞いてくれませんし、なかなかノッてきません。

「あなたはどう思いますか？」などと振って、意見を聞く姿勢を見せ、話のキャッチボールがはじまるように仕向ける必要があります。

一方、年輩の方が相手の場合は、相手の方のメンツも考えなければなりません。あまり話を振ったり質問しすぎたりしては失礼ですし、相手の方が答えられなかったりすると、恥ずかしい思いをさせてしまうことにもなりかねません。そうなったら相手をノセるどころか、引かれてしまいます。

ですから、とりあえず一方的にしゃべっておいて、場の空気が温まってきたのを見計らって、タイミングよく質問を投げかけるなどの工夫が必要です。

また、年輩の方とは、はじめは当たり障りのない話をしながらお互いを探り合うような駆け引きも必要です。そして、徐々に会話を盛り上げていきます。

相手に合わせて自分のノリを変えていきましょう。うまく対応していきましょう。

「あの人と話すと盛り上がるよね」と言われ、多くの人から慕われているような人は、じつは「自分をノセる術《すべ》」に長けている人なのです。

好かれる人の
絶対条件

「第一印象」をよくする

多くの企業の求人担当の方が、**「また会いたいと思えるかどうかが、採用の基準になる」**とおっしゃっています。

そして、たとえば面接で、目を輝かせ、楽しそうにしている学生には「もう一度会いたくなる」と言うのです。

それは、たかが〝第一印象〟かもしれません。

されど、この第一印象が大事なのです。

最初の面接で会った担当者にいい印象を持ってもらえると、その情報は二次面接、三次面接へと上がっていき、最終段階で役員や社長が面接するときも、「この子はすごくいい子らしい」という〝先入観〟を持って接してもらえるので、採用される可能性がグンと高くなるのです。

逆のケースもあります。一次を受ける直前に人事担当者から学校に連絡が来て、学生の名前を挙げて「受験は無理です」と言われたこともあります。

びっくりして話を聞くと、その学生がその会社の説明会に参加したときに、たまたま社長が受付にいらして、その社長から採用担当者に「あの子はダメだ」と伝えられたというのです。

いったい何がいけなかったのかはわかりません。身だしなみが悪かったのか、言葉づかいが悪かったのか……。いずれにしても、社長のその一言で、その学生は受験することすらできなかったのです。

その一方で、人気のある会社の採用試験（接客業）に、どうしてこの学生が受かったのだろうという事例もありました。

その学生は非常に素直な学生でしたが、おとなしくて、どちらかと言えば人見知りをするタイプでしたので、接客業は難しいのではないかと思われました。ところが、積極性のある学生たちが落ちるなか、みごとに希望の会社に合格したのです。

あとで採用担当者に聞いたところ、「筆記試験のあと、他の受験生が使った机の上もきれいに片づけ、消しゴムのかすを真っ白なハンカチに包んで自分のカバンに入れ、ありがとうございましたと丁重に挨拶をして出ていった。その印象がとてもよかった」とのことでした。

後日、彼女にその話を伝えると、「先生、私、白いハンカチなんか使ってません。ただのティッシュでしたよ」と正直に言います。その正直さこそが、彼女が採用された理由かもしれません。

ティッシュが真っ白なハンカチに見えてしまった——まさに印象です。そしてふだんの態度が思わず出てしまうのが試験の場です。

第一印象はつくろえるものではありません。人が見ている見ていないにかかわらず、日頃から相手への気遣いやマナーを大切にし、行動する。それが第一印象のよさにつながるのです。

接客の盲点

「別れ際」をあなどらない

接客テクニックとして、よく挙げられるのが**「別れ際を大切にする」**ことです。

接客の基本として、お客様はその姿が見えなくなるまでお見送りするようにと教えられます。ただ、実際にそれを実践するのはけっこうたいへんです。

先日、知人が仲のいいお友だちの奥様のことをとても褒めていました。自分がそのお友だちを車でご自宅まで送ると、その奥様は最後まで見送ってくれる——と。

そのとき、「あら、私もいつも最後まで見送ってるじゃない」と言ったら、知人曰く、「いや、あなたのように手を振るだけじゃなく、彼女は見えなくなるまでずっと頭を下げている」と（笑）。

ちょっとしたことですが、たしかに「別れ際」は大切です。

そういえば、成毛眞さんがマイクロソフトの社長だった頃のこと。接待が終わって、お客様を見送ったとき、お客様の乗ったタクシーがまだ視界にあるうちに部下が伸びをしたのを見てひどく怒ったという話を聞いたことがあります。

ひょっとしたら、お客様はタクシーの中から最後にもう一度振り返って、挨拶するかもしれない。そのとき、こちらがやれやれとばかりに伸びをしている姿を見られたらどうするんだ、というわけです。

ある結婚披露宴でこんなことがありました。

スタッフがちょっとした粗相《そそう》をして、式の終了直後にマネージャーと上司がお客様にお詫びに行きました。お客様はわざわざ謝りに来てくれたということで、「もういいですよ」と、お帰りになろうとしました。

よかった――でもそのあとがいけませんでした。その直後、マネージャーと上司は「やれやれ」とばかりに、お互いにOKサインを出している姿を、振り返ったお客様に見られてしまったのです。「なんだ、その態度は！」とお客様の怒りが再燃したのは当然でしょう。

別れ際が大切なのは仕事の場ばかりではありません。友だち同士でも、仲がよければよいほど、**「別れ際の余韻を大切にしたい」**ものです。

特に男性は、女性に対しては、気を配ってほしいですね。

「じゃあ、またね」と言って別れたあと、女性がふと振り返ると、相手もこちらを振り返っている。もう一回と思って振り向くと、やっぱり向こうも振り向いている——。

そんなことがあると、女性は心が通い合っていると思い、「やっぱりこの人のこと好きだわ」という気持ちが高まるものです。

逆に、自分がふと振り返った瞬間に、相手が背を向けてサッサと立ち去っていくのを見ると、別になんでもないことなのだとわかっていても、ちょっと寂しい気持ちになってしまう……。

そんなふうに女心というのは微妙なものなのです。

相手を立てるとき

上から目線で褒めない

以前は、結婚披露宴の司会者は、披露宴のすべてをコーディネートしていました。最近では、披露宴の内容についてはまずウェディングプランナーが詰めて、その後、司会者が最終的な進行の打ち合わせを一回だけ行なうというのが一般的になっています。

そのたった一回の打ち合わせで、お客様の信用をつかみ取らなければならないのですからたいへんです。

でも、たとえば、私と信頼関係ができているベテランのプランナーさんは、私を上手に立てて、仕事がやりやすいようにしてくれます。

「鹿島さんは、私がいちばん信用しているプロの司会者なんですよ」と言ってくれるのです。

この一言がとても効果的であることは言うまでもありません。

なぜなら、お客様に、「あぁそうなんだ。信用できる司会者なんだ」と安心してもらえるからです。

そこで私もすかさず、「○○さんがご担当で本当によかったですね。私もいちばん信頼していますし、お客様からとても評判のいいプランナーさんなんですよ」と返します。

そうやってお互いにお互いを立てることによって、お客様からより信頼を得ることができるし、結果的に仕事もうまく回っていくというわけです。

「相手を立てる」というのは、相手を上手にヨイショすることであり、仕事をうまく動かしていく潤滑油のようなものだと言えます。

ただし、相手を立てるときは、とにかく相手の立場を尊重することが大切。**「謙虚な気持ちで、相手を立てる」べき**なのです。

たとえば会社で、上司と部下、そして取引先の方が同席していたとします。取引先の方が上司に向かって、「いやぁ、いつもA君にはいい働きをしてもらって、こちらも助かっていますよ」などと言ってくれたら、Aさんの面目も立つし、上司も「そうか、彼はよくやっているんだ」と安心しますし、信頼します。

これが相手を立てるということです。

でも、取引先の方が「A君も、やっとちょっとは使えるようになったよ」なんて言ったらどうでしょう。

取引先の方は、褒めたつもりだったかもしれませんが、A君にはイヤな思いが残りますし、上司も「こいつはまだまだかな」と受け取ってしまいかねません。

相手を立てようとするときに「上から目線」は禁物です。

究極の気遣い

人への注意は「さりげなく」する

イギリスの「ガーター勲章」をご存じでしょうか？

一三四八年にイングランド王・エドワード三世によって創始され、ガーター騎士団に与えられた勲章です。

その伝統は今も引き継がれ、イングランド最高の勲章とされています。そのガーター勲章が生まれた経緯については諸説あるそうですが、私は次のような話を聞きました。

エドワード三世が開いた舞踏会で、のちにエドワード三世の長男・エドワード皇太子の妃《きさき》となるソールズベリー伯爵夫人ジョアンがダンスを踊っていたとき、伯爵夫人の靴下留め（ガーター）がはずれて落ちてしまった……。

当時、それはとても不作法なこととされていたのだが、最も気が利くと言われていた侍従長がそのガーターベルトを拾って、「これはどなたの落とし物でしょうか」と言ってしまった。

そのとたん、その場は凍りつき、なかには嘲笑《あざわら》う人もいた。すると、空気を読んだエドワード三世は「悪意を抱く者に災いあれ」と言って、そのガーターを自分の左足につけて、笑いを誘い、場をおさめた。以来、その言葉が騎士団のモットーとなり、ガーターをかたどった勲章がガーター騎士団の団結力を象徴する団員章となった——というわけです。

この話はまさに「究極の気遣い」を象徴する話だと思います。

私がまだ若かった頃の話です。

私がトレンチコートを着て出かけたとき、うしろから「お嬢さん、袖にタグがついているわよ。クリーニングの」と教えてくれるおばさまの声が聞こえてきました。「ありがとうございます」と言おうと振り返ったときには、もうその方の姿は人混みの中に消えていました。

そのとき、なんて素敵なんだろうと思いました。

人に何か注意するのも、さりげなく、その人の面目が立つように心がける。

それが大事だと思います。

たとえば、**「上司が部下を褒めるときはみんなの前で、叱るときは一対一で」**とよく言われます。

私も専門学校で学生を注意するときには、他の学生がいないところに呼ぶことを基本にしていました。

でも、あえてみんなの前で叱ることもありました。たとえば、「あの子、みんなに迷惑をかけたのに叱られないで済むわけ?」と仲間が思ってしまうようなことをした学生は、みんなの前で叱りました。

ただし、そんなときには、あとで一対一で向き合って、ちゃんとフォローしてあげる必要はあります。

聞くは一時の恥

素直に教えを乞う

会話をしていて、知らない言葉が出てきたとき、ついつい知ったかぶりをしてしまうことは誰にでもあると思います。

でも、ときとして、知ったかぶりをしてしまったために、墓穴を掘ってとんでもないピンチに陥ることもあるので、気をつけなければいけません。

よく言われますが、「聞くは一時の恥、知らぬは一生の恥」です。

知らないことがあったら、知ったかぶりなんかせず、素直に**「えっ、それなんですか？　教えてください」**と言えば、その誠実さが相手に伝わり、「あの人は正直で信頼できる」という評価につながります。

実際、「こんなことも知らないの？」とバカにされるんじゃないか……と思いつつ質問すると、たいていの人はバカにしたりせずにていねいに教えてくれるものです。

また、「あの人は物知りだ」と言われているような人のほうが、少しでもわからないことがあると、「何それ、わからないんだけど。教えて」と平気で聞くものです。

そんな物知りの人に「教えて」と言われたほうはちょっと得意げに教えたりする場面も生まれ、会話は楽しいものになっていきます。

つまり、**知らないことを知らないと言って、教えてもらうことで生じるデメリットや弊害、問題なんてほとんどない**ということです。

ただ私もそうですが、会話の中で、チラッと知らない単語が出てきたときなど、「あとで調べよう」と聞き流してしまうこともあります。

やっぱり、心のどこかに、自分の無知が恥ずかしいとか、バカにされたくないとか、隙を見せたくないとか、そういう見栄があるのでしょうね。でも、そんな見栄なんて捨ててしまいましょう。

中島孝志さんという経営コンサルタントの方が、**「知らないことは聞けばいい。そんなの恥でもなんでもない。知識が増えるのだから得しかない」**とずばりおっしゃっていますが、そのとおりだと思います。

見栄を張って自分を実際以上によく見せようとしていたら、人とよい関係を築くことはできません。

むしろ自分の弱点を見せることで、相手が気を許してくれて、距離が縮まり、打ち解けて話すことができるようになります。

知らないことは知ったかぶりせずにきちんと聞き、教えてもらったことを吸収していく人はどんどん成長できますし、人としての魅力も増していくはずです。

また反対に、**「知らないふりができる人」がいます。そういう人には、余裕と知性を感じます。**

たとえ自分が知っていることでも、相手が得意げに話をしているときには聞き役に徹する。しかもさりげなく「そのようですね」とか、「ちらっとお聞きしましたが」とか、「詳しくはわかりませんが」とかいう言葉をはさみながら、相手が気持ちよく話せるようにしてあげる。

そんな人は、いいコミュニケーションが取れるでしょう。

また、知っている話でも、自分が聞いていた内容とは細部や切り口、とらえ方が違ったりすることもあるかもしれず、興味深いものがあるかもしれません。そう考えて、「ああ、その話、知っています」などと話の腰を折らず、まずは相手の話に耳を傾けることを心がけるのです。

そういう意味では、「知らないふりができる人」は、聞き上手、引き出し上手な人とも言えるかもしれません。

たとえば、アナウンサーの羽鳥慎一さんは「引き出し上手」です。

じつは、羽鳥さん自身はたいていのことはよく理解しているのでしょうが、**視聴者が理解しにくいだろうと思えることを、「それはどういうことでしょう？」とあえて聞きます。**

そうやって相手の言葉をさらに引き出したうえで、それをわかりやすく噛み砕いて、「つまりこういうことですね」と自分の言葉で言い換えたりしているのです。

ぜひ見習いたいテクニックですね。

世代間ギャップの埋め方

話題豊富な人になる

社会人として一人前になるには、いろいろな世代の人と幅広く接することが必要です。いろいろな世代の人とお話しすることで視野も広がりますし、さまざまな価値観があることを学べます。

それによって、人として成長していくのです。

ただそのためには、**相手の年齢やキャラクターに合わせて話題をうまく選べるかどうか**が大きなポイントになります。相手がまったく興味のない話題でいくらしゃべっても相手の胸には響きません。仮に一時間いっしょにいたとしても、空虚な時間が流れるだけで、「また会いたい」とは思ってもらえないでしょう。

だから、相手の年齢やキャラクターに合わせて、相手が興味の持てるような話題を上手に見つけて、会話を盛り上げる努力や工夫が必要です。

そのためには、日頃から新聞やテレビのニュースで幅広い情報を仕込んでおくことが必要です。特に若い人は、自分の興味のある情報にしか目を向けない傾向がありますが、それでは、幅広い世代の方々と話題を共有することはできません。広い視野を持ち、日々、新しい情報に触れる努力をすべきでしょう。

あるいは、こんな裏技もあります。**たとえば、若い人が年上の人と話をするときなど、その人が若かった頃のアイドルの話をする**のです。自分の親世代の人が相手なら山口百恵さんや松田聖子さんのことを話題にすれば、そこから話が盛り上がっていくこともあるでしょう。

また、ちょっと古い歌を覚えておくのも一つの手です。お酒の席などで、上の世代の人たちとデュエットしたりすれば、「へぇ、こんな歌を知ってるの?」と、場が盛り上がるでしょう。

長く歌い継がれている歌は、いい歌が多いし、かつてのヒット曲が今のCMなどでもよく使われたりしていますよね。

ところで、相手がご高齢だから最近の話題には疎《うと》いだろうなんてあなどっていると、失敗することも。

最近では、ご高齢の方でもけっこう若い人のことをよく知っていて、BTSやジャニーズのメンバーの名前をスラスラ言えたりする方もいらっしゃいますし、パソコンやスマホを若い人以上に使いこなしている方もけっして少なくありません。「孫と仲良くするために努力しているのよ」なんておっしゃいますが、そういう方とお会いすると、「すごいな」と思うと同時に、自分も〝オールドタイプ〟にならないように、そういう努力をしなければいけないな、と思います。

私自身も、学生と話しているとき、当時はＥＸＩＬＥを話題にしたりしました。あまり詳しいわけでありませんが、「今は、〝三代目〟が人気なんでしょ?」などと言うと、「えーっ、先生、よく知ってるね」と話に乗ってきてくれたりするものです。

そこで別に知ったかぶりをせず、「でもね、メンバーの名前は知らないんだ」と正直に言うと、学生のほうから、こんなメンバーがいて、私はこの人が好きなの、と話をふくらませてくれます。

やっぱり共通の話題がないと、会話もなかなかはじまらないものですし、はじまったとしてもギクシャクしたものになってしまいがちです。

でも、ほんのちょっとしたことでもいっしょに話せる話題があれば、それが会話を盛り上げる糸口となり、お互いの距離をグッと縮めることができるでしょう。

ですから、**いろいろな情報をちょっとかじる程度でいいので「広く浅く」仕入れておくこと。**それをＴＰＯに応じて出していくことが大事なのです。

また、自分より世代が若い人と話をするときには、自分から話のきっかけを提供してあげる努力が必要かもしれません。若い人が年上の人に積極的に話しかけるのは、けっこう勇気がいるものですし、遠慮が先に立つからです。

たとえば、最近観た映画の話をしてみてはどうでしょうか。なかには「私もその映画、観ましたよ」という人もいるかもしれません。

あるいは話題になっている本を引き合いに出してもいいでしょう。相手が読んでいなかったとしても、その本の面白さ、読みどころを伝えれば、興味を持ってくれて、「今度、読んでみよう」と思ってもらえるかもしれません。

最近の若い人は本をあまり読まなくなりましたが、本から学べることはたくさんあります。**若い人たちに何かいい「きっかけ」を与えてあげることも人生の先輩としての役割**なのではないかと、私は思います。

人の上に立つ人へ

「一見、地味な人」を大切にする

人の上に立つ人は、いっしょに仕事をする部下を褒めてあげたり、がんばっている人や努力している人を見逃さずに声をかけてあげたりすることが大切です。

ところが、役職に就いたとたんに偉そうな態度を取るようになる人が少なくありません。

それどころか、「会社の業績が上がったのは自分の力だ。出世したのも当然だ。だから、部下は自分の言うとおりに動くべきだ」と、そっくり返る人もいます。

けっして、その人一人だけの力で業績が上がったわけではありません。

会社はチームで動いています。それぞれの役職、立場の人間が、それぞれの役職、立場で動いているからこそ機能しているのです。

ところが、出世したとたんに、それを忘れてしまう人がいるのです。

そういう人は、自分をヨイショしてくれるイエスマンや、アピール上手で常に部署の中心的存在になっている人ばかりに目を向けがちです。そして、仕事をうまく回すために陰で支えている人の存在を忘れがちです。

それではいけません。上に立つ者こそ、部下の誰がどんな役割を果たしているかをしっかり見て、**一見、地味に見えるけれども縁の下の力持ちとなって努力している人にもひと声かけてあげるべき**です。

それがチーム全体、職場全体のモチベーションを上げることにもつながっていくのだと思います。

一方、部下たちも、上司が自分のことをしっかり見てくれているのか、自分の努力や働きを正当に評価してくれているのかを見ています。**部下は、自分のことを認めてくれていると思う人についていく**ものです。上司は、自分も部下からよく見られていることを忘れてはいけません。

人の上に立ったら現場優先の目線を持ち、**自分が下で働いていたときのことを思い出す**ことが大切です。入社したての頃、先輩たちからいろいろ教わったはずです。また失敗したときにフォローしてもらったことも一度や二度ではないはずです。

そのときのことを思い返せば、自然と部下の労をねぎらおうという気持ちにもなるでしょう。

人望がある人、ない人

上手な嘘がつける人になる

専門学校で、就職活動前の学生に、特に注意していたことがあります。それは、**「その場しのぎの嘘をついてはいけない」**ということです。

面接官は多くの人との面接をこなしていますから、話の矛盾点などにはすぐに気づきます。

「アルバイト先でリーダーをやりました」

「サークルの幹部をやっていました」

などと言ってアピールしようとする人はよくいます。

しかし、それが嘘だと、面接官から、具体的にどんなことをしたのか、そのとき苦労したことは、などと聞かれているうちに、話のつじつまが合わなくなって、ボロを出してしまい、その段階で、「この人は信用できない」と判断されてしまうのです。

それは、会社に入ってからも同じです。

トラブルが発生しているのに、「問題ありません」などとその場しのぎの嘘を重ねているうちに、取り返しのつかない状態になることは少なくありません。そうなると、信用はがた落ちです。

ですから、嘘をつかないことは社会人としての絶対条件だと心に刻んでおくべきでしょう。

でも、「上手な嘘」というのもあると思います。**おおらかな気持ちで「上手な嘘」がつけるような余裕のある人には人望が集まります。**

私たち司会者の場合、仕事を増やすには、お客様に指名していただくことはもちろん大切ですが、会場のスタッフに気に入ってもらうことも必要です。

ですから、久しぶりの会場に行ったときに、現場のスタッフから「あれ、鹿島さん、久しぶりですね。今日はどんなご用で？」などと声をかけられたら、私はニッコリ笑って「えっ？　○○さんに会いに来ました！」なんて答えたりします。

また、なかなか仕事をいただけない会場に行ったときに、「痩せたね」とお世辞を言われたら、「お仕事いただけないから痩せちゃって……」なんて答えます。

女性らしくちょっと媚びた受け答えも上手な嘘の一つで、場をなごませるようなかわいい嘘（ジョーク）をつくのは、自分の存在をアピールするコミュニケーション法だと思っています。

また、会社で部下が失敗したとき、本人があまりにもショックを受けているようなときには、叱り飛ばすより、「よくある失敗だ。大丈夫だ」と相手を思いやる嘘をついて落ち着かせたほうがいい場合もあると思います。

時間がたって、ある程度冷静な状態になったところで、失敗した理由、その結果生じた損害、今後気をつけるべきことなどを、きちんと伝えてあげればいいのです。

相手のことを思いやったり、相手を尊重したりするがゆえに上手な嘘をつくことは、人間関係を円滑にするためにも必要だと、私は考えます。

2章

ここで「嫌われない」

——ちょっとしたことで差がつく、その人の好感度

あらゆる場面で――

下品な言葉を口にしない

最近、言葉づかいの乱れが気になっています。

たとえば、テレビのＣＭなどで、若い女性が「ヤベェ」などと言うシーンが平気で流されるようになっています。

こんな言葉を耳にして違和感を覚える人は少なくなってきているようで、そういう時代なのかもしれませんが、言葉を使って仕事をしている私の立場からすると、やはり、いかがなものかと思います。

友人同士の会話なら大目に見ることもできますが、職場など公の場ではとんでもないことです。常日頃そんな言葉づかいをしていると、注意していてもふとしたはずみで口をついて出てしまうものです。自分の品位を落とすことになってしまいますから、言葉づかいにはくれぐれも注意したいものです。

特に若い世代では、男子も女子も、言葉づかいがほとんど同じになっています。女子学生でも、「いいんじゃね？」とか、「おかしくね？」、あるいは「メシ、食いに行こう」「腹減った」という調子です。

そんな言葉を耳にしたときは、「『腹減った』じゃなくて、『お腹がすいた』ね。女性らしくしようね」と注意するようにしていますが、本来なら、そんなことを人前で口にするのも恥ずかしいという感性を身につけてほしいところです。

先日は、電車の中で妙齢の女性が、「だりい、だりい」と言っているのを聞いてびっくりしたのと同時に、とても残念に思いました。

たしかに若いときは、やんちゃを気取って、あえて乱暴な言葉づかいをすることもあるでしょう。

でも、以前は、それがあまりいい言葉ではないということを認識したうえであえて使っていたように思います。最近は無意識にそんな乱れた言葉づかいをしていることが問題であり、悲しく感じます。

私は、**言葉づかいは、その人の品位を最も表す**と思っています。

世代、性別にかかわらず、言葉づかいには気をつけたいものです。

女性がきれいな言葉づかいをしていると、好感を持たれます。

男性がていねいな言葉づかいしていると、知性を感じさせます。

言葉づかいは、意識していれば必ず変えることができます。ふだん親しい人との会話でもていねいな言葉づかいを心がけましょう。

そうすれば、どんな場面でも恥ずかしい思いをしなくて済む言葉づかいができるようになるはずです。

下品な言葉づかいをしていると、相手に不愉快な思いをさせ、礼儀知らずの人だと思われてしまいます。

逆に、きちんとした言葉づかいをしていると、相手を心地よくさせ、しっかりしている人だと思ってもらえます。そして、「また会いたい」と思ってもらえます。そうすれば、人間関係も、仕事も、そして人生も好転していくでしょう。

四つのNGワード

常に「建設的な会話」を心がける

会話の中でついつい使ってしまいがちな言葉があります。

「でも……」
「だって……」
「どうせ……」
「しかし……」

などです。

こういう言葉には十分注意しなければなりません。

たとえば何か失敗して、お詫びをしなければならなくなったとき。「でも」や「だって」で話をはじめると、相手は「言い訳している」と受け取ってしまいます。それでは、反省や誠意が相手に伝わりません。

また、会話中、相手の意見に対して「しかし」で返すと、相手は自分の意見を頭ごなしに否定されたように感じてしまいます。それでは、前向きで建設的な会話を続けていくことはできないでしょう。そんなときに実践したいのが「イエス・バット法」です。これは、**まずいったん相手の言い分を受け止めてから、次に自分の言い分を伝える、**というものです。

この方法は、会議の席でも有効です。「でも」とか、「しかし」と即座に反論せずに、**「たしかにそのとおりですね」と、まず相手の意見を肯定したうえで「こういうことも考えられます」と言って、自分の意見を述べる。**そうすれば波風が立ちませんし、意見を通しやすくなります。

司会の仕事で言うと、お客様が打ち合わせの段階で「あれもしたい、これもしたい」と希望を出されることがあります。

もちろん、それを実現するのがプロの仕事なのですが、時間的にも費用的にもどうしても不可能な場合もあります。

そんなとき、頭ごなしに「でも、お時間が……」とか「しかし、この費用では……」などと言ってしまうと、お客様の中には、とたんに不機嫌になってしまう方もいらっしゃいます。自分の要望を真っ向から否定されたように感じてしまうのでしょう。

ですから、これはどう考えても無理だろう、できないだろうという要望であっても、

「でも」や「しかし」といった言葉は絶対に使いません。

「そうですね。では、○○様がおっしゃるように、こうしてはいかがでしょうか」といって実現可能なプランをさらりと提案します。

その際、提案するプランは、○○様がおっしゃったようなものでなくていいのです。ここがポイントで、文脈や文法の乱れは無視してもいいのです。**「○○様がおっしゃったように」と伝えることでお客様のプライドを守りつつ、現実的な案をのんでもらう、**ということです。

とにかく、「でも……」「だって……」「どうせ……」「しかし……」と、そのあとに否定語が続く言葉を、日常でできるだけ使わないよう努めてみてください。すごく前向きで建設的な会話ができるようになりますよ。

“流行り言葉”にご用心

〝ヘンな日本語〟を使わない

人と話をするときに、きちんと相手に合わせた言葉づかいができるかどうかも「また会いたい」と思ってもらえる人になるための大きなポイントです。

はじめて会った人にタメ口のような言葉づかいをする人がいますが、「失礼な人だ」「常識がない」とマイナスの印象を与えるだけで、何一ついいことはありません。

相手が自分より年下だからとか、役職が下だからということで、最初から上から目線で話しかけて、好感を持たれるわけがありません。「なんて傲慢な人なんだろう」と嫌われ、「もう二度と会いたくない」と敬遠されるのがオチでしょう。

相手が目上であろうが、目下であろうが、相手に敬意を払った言葉を選ぶべきであることは言うまでもありません。なぜかと言うと、そうしなければ、自分自身も敬意を払ってもらえないからです。

それだけに、きちんとした言葉づかいができるようにトレーニングを積み、きちんとした日本語を使うようになりたいものです。

若い人の中には、アルバイトで接客マニュアルを叩き込まれたせいか、いつまでたっても「〜のほうでよろしかったでしょうか」「〜のほうになります」などといった、おかしな日本語を使っている人が少なくありません。やたらと「〇〇じゃないですか〜」「と言うか〜」「自分的には〜」と言うのがクセになってしまっている人もいます。

本人はていねいに話そうとしているのでしょうが、言われたほうは違和感を覚えて、会話を続けるのが苦痛になってしまうこともあります。

言葉づかいで大切なのは「敬語」です。敬語は社会人にとってきちんと使えるのが当たり前であり、いつまでも若者言葉しか使えないようでは、信頼されないばかりか、社会人としての常識を疑われてしまいます。

敬語には、尊敬語、謙譲語、丁寧語があり、とても複雑なイメージがありますが、実際にはそれほど難しくありません。

というのも、「基本の形」があるからで、それさえ身につければ、あとは自然と敬語が口をついて出てくるようになります。私も『敬語「そのまま使える」ハンドブック』（三笠書房《知的生きかた文庫》）という本を出させていただいていますが、習うより慣れろで、正しい言葉づかいをそのまま覚えて、使っていれば上達していきます。

ところで、ちょっと矛盾するようですが、目上の方との会話は敬語が基本であるとはいえ、ずっと堅苦しい言葉で話しているとお互いに疲れるばかりですし、その関係性をより近づけたり、深めたりすることはできません。

相手とさらに打ち解けた関係を築きたい場合は、ある程度関係が深まった段階から、「え、それはすごい」「そうなんですよ！」といったように、ちょっとくだけた言い方を上手に織り交ぜてもいいでしょう。

言葉づかいを気にしすぎて硬くなり、思うようにしゃべれないくらいなら、多少言葉づかいが間違っていたとしても、自分が伝えたいことを口にするのがいいと思います。そのほうが人に好かれる人間になれるでしょう。

ただ、言葉一つで信用を失ってしまうこともありますから、相手が自分を評価するような立場にある場合には、やはり十分に気をつけなければなりません。

たとえば、相手の話を聞きながら、頻繁に「ほんとですか？」と言う人がいます。あいづちを打っている、または感動を伝えたくてそう言っている、あるいは単なるクセなのかもしれませんが、あまり多発すると、「私が言っていることを疑っているの？」と不快に思わせてしまう危険性があります。

また、「そうなんですね」をやたら連発する人もいますが、相手はなんだかバカにされているように思えてきて、「ちゃんと話を聞いているの？」と言いたくなってしまうでしょう。

おかしな言葉づかいは、若い人に限ったことではありません。最近、国会答弁などでやたらに「その件につきましては、～しているところでございます」と言うのを耳にしますが、なんだか慇懃無礼に感じられてくるものです。

「なので～」も気になる言葉ですが、もはや定着しつつあります。本来なら、「ですから～」と言うべきところを、「こうで、こうで、こうですよね。なので～」と、ふつうに使われるようになりましたが、違和感を覚える人がまだまだ多いのも事実です。

言葉というものは、仮に使い方が間違っていても、そういう使い方をする人が多ければそれが当たり前になっていきます。

ですが、**こんな時代だからこそ、正しい言葉づかいをしている人は一目置かれる存在になる**ことでしょう。

「見た目」を整える

清潔感のある人になる

「清潔感」はとても大事です。

清潔感のある人を見て嫌悪感を抱く人はいないでしょう。

逆に、不潔だったり、だらしなかったりする人には、人は本能的に嫌悪感を抱くものです。

男性の場合は、**スーツ**を着るとき、**ワイシャツ**の袖口や、襟元などに気をつけてほしいものです。

また、細かいことですが、糸がほつれていないかとか、ボタンが取れかかっていないかなどにも気を配ってほしいものです。シャツはしっかりとアイロンがかけられているか、ズボンはプレスされているかなども案外見られているものです。

また、女性や、接客の仕事をしている人の場合、意外と目に入るのが**手元**です。爪の手入れがされているでしょうか。女性でマニキュアやネイルアートを施すのであれば、誰からも好印象を持たれるためには、派手すぎず、清潔感のあるものがいいでしょう。

女性の場合は、**着ている服の色**が与える印象も大きいので注意してください。

たとえば、白いブラウスや白のジャケットを上手に着こなせば、好感度がグッと上がります。

また、自分の顔を明るくするような色を選ぶと好印象を与えることができます。日本人の場合、ビビッドな色よりも、ちょっと淡い色のほうが、清楚な身なりをしていると感じる傾向が強いようです。

加えて、女性の場合は、**髪型**にも気を配りたいものです。

特にお辞儀をしたときに前髪がバサッと落ちないようにスッキリとまとめておくのが基本です。女性らしさというのも必要です。

また男女問わず、**足元**に注意しましょう。

足元を見ると、靴がくたびれていたり、汚れたままになっていたりする人がいます。それではせっかくスーツをビシッと決めていても、それこそ足元を見られてしまいます。

靴は二、三足準備しておき、毎日替える。そしてちゃんと磨いておくこと。今なら一〇〇円ショップでも靴磨きを売っています。靴にはちょっとひと手間かけて手入れをしてほしいものです。

着るものにせよ、履くものにせよ、大事なのは、「高価なものを身につける」ことではなく「手入れを惜しまない」こと。清潔に保たれたものを身につけるのは人前に出るときの最低限のマナーです。

最近、「人は見た目が九割」なんて言葉を耳にします。

たしかに、人は他人を外見で判断するものです。

付き合いが長く、お互いによく知っている関係なら、多少だらしない恰好をしていても差し支えないでしょう。

しかし、初対面の人やよく知らない人と接するときは、そうはいきません。「大切なのは中身だ」というのは建前で、じつはほとんどの人は、「見た目」で相手を判断しているものなのです。

そもそも、いつ見てもだらしなく、人に不快感を与えているような人は、「社会人として仕事に携わる自覚が欠如している」と判断されてもしかたありません。

仮に本人はやる気満々でも、力を発揮する前に「あの人はダメだ」と烙印を押されてしまうでしょう。それは、あまりにももったいないことではないでしょうか。

外見＝身なりは、あなた自身の人間性に関する情報を絶え間なく発信しています。

相手はそれを手がかりとして、あなたとどのように向かい合い、付き合うべきかを、半ば本能的に判断しているのです。

あなたの身なりは、あなたの言葉などより、よほど雄弁にあなた自身の本質を語っているということを常に意識しておくべきでしょう。

酒席のマナー

「大人の飲み方」を心得る

私もお酒は大好きですし、誰とでも楽しく飲めるほうだと思います。

でも、ある時期から、「お酒の席も楽しいだけじゃなく意義あるものにしたいな」と思うようになりました。お酒を飲んで、他愛もない話で盛り上がるのもいいのですが、いつも代わり映えのしない話ばかりする人とは、「この人とは次回はもういいかな……」と思うようになってきたのです。

仕事がらみでもプライベートでもそうですが、女性は噂話が好きですし、私もけっして嫌いではありません。でも噂話ばかりしているのは、なんだか時間がもったいないなと考えるようになりました。年齢的なものもあるのかもしれませんね。

逆に、**発展性のある人とは、「この人とまた会いたい」「いっしょにお酒が飲みたい」と思います。**

たとえば、「今度、○○に行こう」という話をして、それを実行できるような人。

そんな人とはまた会いたいと思うし、お酒もいっしょに飲みたいと思います。

逆に、いつも社交辞令で終わってしまうような人とは、それ以上発展がないですし、自分の成長にもつながらないし、正直言って、面白くないなという感じです。

また、お酒が入ると愚痴を言う人も少なくありませんが、こういう人は嫌われます。

若い人たちの立場からすると、たとえば上司といっしょに飲みに行って、いつも愚痴ばかり聞かされたり、お説教されたりでは、豪華な食事をごちそうしてもらったとしても楽しくはないでしょう。

そうではなくて、いろんな意見を吸い上げてくれたり、ためになる話を聞かせてくれたりするのであれば、たとえ割り勘でもいっしょにまた飲みに行きたくなるのではないでしょうか。

最近の若い人の中には、上司とお酒を飲むのを毛嫌いする人も多いようですが、それももったいないないと思います。

ある目上の方から、いっしょにお酒を飲んだ一週間後に「鹿島さん、この間の話だけどやってみるか」と言われて、びっくりしたことがあります。

私はそのお酒の席で、仕事上のある希望を伝えていたのですが、その方はだいぶお酒を召し上がっていたので、覚えていないだろうと思っていました。

ところが私の願いを覚えていてくださったのです。きっと、お酒の場をうまく使って、私の本音の部分をキャッチしていたのでしょう。

ところで、お酒にまつわることで、卒業していく学生たちに、私が毎年注意していたのは、**「社会に出たら無礼講はないからね。無礼講って言われたらこわいですよ」**ということです。採用内定後の研修会のあとや新人歓迎会で、「今日は無礼講で」と言われることは少なくないでしょう。でも、それを真に受けたらたいへんなことになります。

酔っぱらってぞんざいな言葉を使ったり、ハメをはずしたりしたら、翌日に上司から呼び出されてお説教をされることになるでしょう。

今の若い人は友だちと飲みに行くことも少ないようです。私の学生時代は、入学早々、新入生歓迎会があり、その後も行事があるたびに先輩や先生とお酒をいっしょに飲んだものです。

今は厳しくなっていて、先生が学生とお酒の席に同席するだけで問題になってしまいます。私も、専門学校の教え子たちとお酒の席に同席するのは、彼ら、彼女らが卒業したあとと決めていました。

若い人は今、目上の人からお酒の飲み方、お酒の席での振る舞い方を教わる機会がなくなっているようです。

お酒の席は、日頃なかなか言えないこと、口にできないこともズバッと口にするチャンスでもあります。私も、ちょっと言いにくいことを言いたいときには、お酒の席を利用して、「酔っ払っちゃったから言いますけど」なんて酔っ払ったふりをすることもあります。もっとも、相手はお見通しかもしれませんが（笑）。

お酒の席では、その人の真の姿がけっこう出るものです。そういう意味では、お酒の席は、人を見極めるいい機会でしょう。

ところで、いいお店をたくさん知っている人、それも雑誌やインターネットに出ているような、**いわゆる人気店ではない、素敵な行きつけの店を持っている人は、独自のアンテナを持っていて、話題も豊富な面白い人が多い**ようです。

たとえば、最初に連れていってくれたのは隠れ家的なフレンチのお店だったのに、次は雰囲気のいい街の焼鳥屋さんだったりすると、もっとその人のことを知りたくなってしまいます。

また**その人をお店の人が大切にしているかどうかでも、きれいなお酒の飲み方ができる人かどうかがわかります。**お店の人が立ててくれるような人は、お客さんとしてのマナーができている人ですから、当然、安心感や信頼感も高まります。

ビジネスの鉄則

相手の「肩書」を尊重する

ビジネスシーンでは肩書はとても重要です。

たとえば、部長に昇進することが決まった人に対しては、昇進前から「○○部長」と呼びかけます。

そんなとき、呼ばれたほうは「いや、まだ正式に部長になったわけじゃないから」などと言いますが、気分をよくしているのは間違いないでしょう。

逆に、昇進したにもかかわらず、前の肩書で呼んでしまうとムッとされることも。「いや、私も一応昇進したんだけどね」などと嫌味の一つも言われてしまうかもしれません。

昇進して肩書が変わることは、ある意味でビジネスパーソンにとっての勲章なのでしょう。それだけに、相手の肩書に敬意を払うことは大切です。

学生時代は、付き合う相手の肩書なんて気にもしないでしょう。でも社会に出るとそうはいきません。会社が組織で動いている以上、肩書に象徴されるように、上下の関係が存在するのは当然のことですし、それによって秩序が保たれていますから、肩書をないがしろにするわけにはいかないのです。

それだけに、きちんと相手の肩書を尊重することが必要です。

しかし、その一方で、相手の肩書にとらわれない姿勢も必要です。肩書によって、その人を見る目が変わり、意見をコロコロ変えるような人は、周りから見ていても非常に残念に感じます。

肩書のある人にはこびへつらった態度を示すのに、肩書のない人には横柄な態度を取ったり、軽く見たりする。言うまでもなく、そんな人には、「また会いたい」とはけっして思いません。

人は軽んじられたと思うと悔しくて、意外といつまでも覚えているものです。あなたの軽率な態度が恨みを買うことになりかねません。

肩書があるなしにかかわらず、きちんと人としてのお付き合いをしていくことが、信用につながるのだと思います。

相手を立てること、尊重すること、敬意を払うことと、ただ単におべっかを使うことは、次元が異なります。

ですから、肩書のある人に対しても、言葉には気をつけながら、言うべきことはしっかり言う姿勢が必要ですし、肩書のない人の意見にも耳を傾け、敬意を払うことが大切です。

一方、肩書を持っている側の人間が、肩書の上にあぐらをかくような態度を取るのはどうかと思います。肩書というものにやたらとこだわり、「社長」と呼ばなかったとか、「部長」と呼ばなかったといって腹を立てる人もいるのです。

最初は、肩書で呼ばれると気分がいいくらいに思っていたのが、そのうち周りが立ててくれるのが当たり前になってしまう。すっかり人間として偉くなった気になり、ふだんの振る舞いまでも横柄になってしまう——。

そういう人は、周りから敬遠されるのが当然ではないでしょうか。誰もそんな人と深くお付き合いしたいとは思いませんよね。

私は、披露宴の司会の仕事場で、お会いした人から「先生」と呼ばれることがありますが、「先生」と呼ばれることが当たり前にならないように気をつけています。

たしかに専門学校の先生もしていましたが、司会者としてお会いしている方から「先生」と呼ばれるのには違和感を覚えます。

ですから、「先生はやめてください、しのぶと呼んで」(笑)と冗談も交えつつ申し上げるのですが、三回くらいそう伝えても、やはり「先生」と呼んでくださる場合には、相手の方のお心づかいに感謝し、その分、仕事で一生懸命お応えしようと思うようにしています。

相手を立てる側としては、肩書に敬意を払い、積極的に肩書でお呼びする。肩書で呼ばれる側になったら、その肩書の上にあぐらをかくようなことをせず、謙虚な態度を取る。そうありたいものですね。

悪口に一利なし

会社の悪口を外で言わない

ときどき、自分が勤めている会社の悪口をやたらと言う人がいます。

ときには愚痴を言いたくなることもあるでしょうし、たしかに腹が立つこともあるでしょうから、少しくらいなら許されるでしょう。でも、悪口ばかりを言うのはいかがなものでしょうか。

そもそも**自分の会社の悪口を言うことは、自分を貶《おとし》めることになるばかりか、そこで働いている同僚などのことを否定することにもなります。**

まして、自分の会社の悪口を社外の人に言いふらすのは、自分や職場の仲間に対する裏切り行為とも言えるでしょう。

聞かされるほうだって、むやみに同調できることばかりではありませんから苦痛を感じることもあるでしょうし、自分のことは棚に上げて周りの悪口ばかり言っている人の品格を疑うようになるのが当然でしょう。

悪口を言っている人は、それを吐き出すことで一時的にはすっきりするかもしれません。でもそれで何かが解決できるわけではないし、相手からは**「あぁ、あの人と会うとまた人の悪口を聞かされるのか。イヤだな」**と思われるばかりです。

そういえば、ある企業の中途採用の担当者から、こんな話を聞きました。いくら実際にそうであったとしても、転職理由としてそれまで働いていた会社をおかしいとか、ひどい職場だったとか、悪く言うのはマイナスだ、と。

悪口を聞いているうちに、この人はわが社に入ってもいつか自社のことを同じように悪く言うようになるのではないかと疑わざるを得ず、前向きな転職姿勢とは受け取れないからです。そして、どんなに優れたスキルがあったとしても採用を見送るケースが多いそうです。

自分の会社や上司、あるいは同僚や部下の悪口を口にするのは、マイナスのオーラを周りにまき散らすようなものです。

そんな人は、「あの人と話していると、人の悪口ばかり聞かされて、なんだか気が滅入ってしまう。あまりお付き合いしたくない」という評価しか得られません。

そしてまた、悪口を聞かされる人は、「きっと別の場所では、自分もこんなふうに悪く言われているんだろうな」と思うでしょう。**悪口は必ず自分に返ってくる**のです。

周囲から
煙たがられる人

自慢しない、説教をしない

女性は「恋バナ」が大好きですね。私が教えていた専門学校の学生たちも、そんな昔の話なんか聞いたってしかたないのに、私の「恋バナ」には興味津々でした。まあ、私の歳になると、別に昔の恋愛話をしたところで、どうということはありません。

「恋愛って、こういうものなのよ」と大人ぶって話したりしますが、まだ三〇代の男性の先生は、「先生は、これまで彼女、何人いたの？」なんて聞かれて、「まったく、なんでそんな話までしなきゃいけないんだ……」と頭を抱えていました。私は、「まぁ、まぁ。それもまた、学生との距離を縮める効果があるから、いいんじゃないの」と慰めたものです。

それはともかく、同じ昔話でも、「私の若い頃は」と昔の武勇伝ばかりするような人は、周りの人から煙たがられます。なぜなら、**昔話は、気をつけないと現状を否定**

することにつながるからです。

思いがけない失敗談とかハプニングの話なら面白いし、それを伝えることで、後輩が今後起こしうる失敗を回避することもできますから意味もあります。

でも、自慢話や成功談ばかり聞かされ、昔はよかったなどと言われると、現状や今を生きる自分を否定されているように感じるものです。

つい、「それはそれはけっこうなことで」と皮肉の一つも言いたくなりますし、それが二度三度と続けて聞かされると、「いつまでその話をするの？」とそっぽを向きたくなります。「またあの話を聞かれされるのか……」とうんざりするのも当然でしょう。だから、「昔話」には注意が必要なのです。

昔話ばかりしている人の中には、相手がまだ話しているうちにしゃべりはじめて、話題を自分の昔話（自慢話）にすり替えてしまう人が少なくありません。とにかく自分の言うことを聞いてほしくてしかたないのです。「承認欲求」が強いのでしょう。

でも、話の腰を折られたほうは気分が悪くなりますし、自分を否定されたように感じます。そんなことを繰り返していると、周りから人がいなくなるのは時間の問題です。

人の話の腰を折るのは、タブー。そう心得ましょう。

「聞く力」の磨き方

相手の話を最後まで聞く

人の話の腰を折るのはタブーだと前項で述べました。それはまた、「相手の話を最後まで聞くことがいかに大切か」ということでもあります。

「相手の話を最後まで聞く人」は、本当に人に好かれます。信頼されます。

なぜなら、人の話を最後まで聞くことは、相手を尊重していることを示す基本中の基本だからです。

また、相手の話を聞くとき、集中して聞くことが大切です。だいたい、人の話の腰を折るような人は、人の話をまともに聞いていません。いつも自分が何を話そうかと考えていて、人の話なんて上の空。それでは話が嚙み合わなくなってしまいます。

私は司会者として、新郎新婦と打ち合わせをするときは、短い時間でも得られる情報はできる限り多く得ようという強い思いで臨んでいます。

相手のちょっとした言葉尻も聞き逃さず、どんな結婚式にしたいと思っているのかを見極めようとします。そして**本当に集中すれば、三〇~四〇分で、こういうことだろうなという傾向がきちんとわかってくる**ものです。

結婚式は一世一代の儀式ですから、みなさん、自分らしい結婚式にしたいと思っています。一〇〇人いれば一〇〇とおりの思いがあります。

司会者の使命は、限られた時間と予算の中で、その思いに精いっぱい応えることにあります。ですから打ち合わせの中で、新郎新婦のお二人が望んでいることは何かを言葉の端々から的確につかまなければなりません。

たとえば、ご両親への花束贈呈のシーンは結婚披露宴のハイライトですが、新郎新婦が特に口にしなくても、お二人が心から親御様に感謝していることが感じられれば、感動的な演出をしたほうがいいと判断します。

もし、どちらかの親御様が離婚をされていたり、どうもご両親とは微妙な関係にありそうだと感じられたりした場合は、さらっと進行したほうがいいかなと判断することもあります。また、最近の新婦には、「私は親を捨てて結婚するわけじゃないので、お涙ちょうだいみたいなのはイヤなんです」とおっしゃる方もいます。

いずれにせよ、どんな披露宴にするか、お客様の言葉から探って考えていくわけですから、**話をそれこそ全身全霊で受け止める覚悟が必要だ、**と思っています。

絶対、「詰問」しない

いつも部下を怒っている上司がいます。

たとえば部下が何か失敗したとき、頭ごなしに叱りつけ、部下に言い訳の一つも許さず、追い詰めるような上司——。それでは部下はついてこないでしょう。

こんな上司は、何かトラブルを起こした部下に対し、「なぜこんなことが起こったんだ！」「理由はなんだ。言え！」と強い口調で尋ねます。

じつは、これは**部下に「質問」しているのではなく、部下を「詰問」している**のです。それに気づいていない上司は少なくありません。

上司がこれでは、部下は自分なりにトラブルの原因を分析して、きちんとした答えを用意していたとしても、萎縮してしまい、何も言えなくなってしまうでしょう。

そうなると、トラブルの真相が解明されることもなく、根本的な問題解決につながりません。ただただ職場に不穏な空気が蔓延するだけです。

人の上に立つ人が、それではいけません。

仮に部下が失敗しても、頭ごなしに叱りつけたり、怒鳴りつけたり、詰問したりするのではなく、**「何があったのか、どうしてこうなったのかを、いっしょに考えよう」**と伝えるべきです。

そして実際に「いっしょに考える」のがポイントで、こういう態度が部下に寄り添うことであり、そうすることではじめて部下は真実を話してくれるし、そうすれば真の原因分析、真の問題解決への道を探ることができるのです。

私も学生を指導するときには、このことを常に意識していました。**頭ごなしに怒ったり、叱ったりしても、相手を萎縮させてしまうか、反発させてしまうかで、何もいいことはありません。**

もちろん、学生が悪いことをしたときは、それはいけないことだと伝える必要があります。

でも、頭ごなしに怒ったり、叱ったりせず、「どうしてそういうことをしたのか、教えてほしい」と学生に寄り添う姿勢で接するようにすることを心がけていました。

たとえば、遅刻してきた学生には、「なぜ遅刻したの?」といきなり聞くのではなく、「体調が悪いの?」と聞いて、「よく眠れている?」と尋ね、近頃の生活ぶりを教えてもらうようにしました。

たとえば「最近、アルバイトが忙しくて……」とか「昨日、夜遅くまで遊んでいて……」とか、なんらかの返事が返ってきます。

まあ、「遊んでいた」と言う子には「それじゃダメでしょ」と言うしかありませんが、アルバイトが忙しくて遅刻してきた子の場合は、そんなにアルバイトをしなければならない理由を教えてもらうようにしました。

そうすると、家庭の事情などでお金を貯めなくてはいけないなど、さまざまな事情がわかってきます。

そうすれば、「じゃあ、こういうふうにしよう」といっしょに解決策を考えることもできます。「今はアルバイトではなく、勉強が優先の生活をしなければならない」とアドバイスすることもできます。

頭ごなしに「遅刻はダメだ」と責めてばかりでは、その子は何も言えないし、理由がわからないままでは何一つ解決できないでしょう。

相手を頭ごなしに怒ったり、叱ったりせずに寄り添ってあげる。

特に、人の上に立つ人には、そんな姿勢が大切なのだと思います。

本当に頭がいい人

「話がわかりやすい人」になる

本当に頭のいい人というのは、「わかりやすく話す」ことができるものです。

たとえば、池上彰さんとか、林修さんなど、いろいろなことをじつにわかりやすく私たちに説明してくれます。

なぜ、池上さんや林さんの話がわかりやすいのか。それは**専門用語を使わず、仮に使ったとしても、わかりやすい言葉に言い換えてくれる**からです。

知識のない者にとって、およそ専門用語を使って話されることほど苦しいことはありません。

以前、銀行にどんな金融商品があるのかを聞きに行ったものの、何がなんだかわからないまま帰ってきたことがあります。窓口の担当者が一生懸命説明してくれているのはわかるのですが、専門用語だらけで話が全然頭に入ってこないのです。

そのとき、「なるほど、人に話をするときには、専門的な話であればあるほど噛み碎いて説明してさしあげないといけないんだな」と感じたものです。
でも、専門用語を使わずに説明するのは、けっこう難しいものです。
たとえば授業をしていても、反応のない学生がいます。きっと、こちらの言ってい
ることがわからないのだろうなと思って、わかりやすく説明しようとするのですが、
自分自身が十分に理解していないと、わかりやすく言い換えることができません。専
門書を読んで、自分はわかったような気になっているけれど、じつは専門用語を覚え
てそんな気になっているだけ、ということも、なきにしもあらず……。
だから自分の言葉で、わかりやすく説明することができないのです。難しいことを
簡単に話すには、まず自分自身がしっかりと勉強していなければならないということ
です。
専門用語や難解な言葉ばかり並べられると、聞くほうは、「何を言っているのかよ
くわからない」と感じて、「またあの人の話を聞かなきゃいけないのか」と、会うこ
とすら苦痛に感じるようになってしまいます。
特に、横文字やカタカナ言葉を当たり前のごとく羅列する人がいますが、辟易《へきえき》して
しまいます。別に知識をひけらかして自慢したいとか、偉そうにしたいとかいうわけ
ではなくて、無意識に使っている人もいるのでしょうが、こういう人たちは、たぶん

自分のことばかりで、相手のことを考えていない、思いやっていないのではないでしょうか。

相手を思いやり、相手を尊重する気持ちがあれば、できるだけわかりやすく伝えよう、わかりやすく話そうと努めるはずです。

結局、話し方や伝え方のテクニック以前に、相手のことを思いやっているかどうかが、わかりやすく話せる人になれるかどうかの最大のポイントだと私は思います。

言っては
いけないこと

「価値観の違い」を受け入れる

人の生き方はじつにさまざまです。

その生き方を決めている大きな要素の一つが「**価値観**」でしょう。

価値観は千差万別で、一〇〇人いれば一〇〇とおりの価値観があると言ってもいいほどです。ときとして、お互いの価値観が大きくぶつかり合い、対立することもあります。問題は、そんなときに相手の価値観を大切にできるかどうかだと思います。

若い頃、私が司会業一本で食べていきたいと一生懸命努力していたとき、「司会のアルバイトなんてまだ続けてるの？」と言った人がいました。これには、さすがにカチンと来ました。

「私は司会を一生の仕事にしようと思ってがんばっているのに、どうしてそういう言い方をするのかな……」と。もうその人とは、二度と会わなくてもいいと思ったものです。

世の中には、口にしてはいけないことがあると思います。**その人が大切にしていること、たとえそれが傍目にはささいなことに思えても、その人の生き方＝価値観にかかわることについて安易に口にしてはいけません。**

それは相手が最も大事にしているものを否定することですし、その人の人生やその人自身を否定することにもなるからです。

私は司会者としてはお客様のことを第一に考え、仕事をしています。同様に専門学校では、学生のことをいちばんに考えて仕事をしてきました。指導にあたって至らないところは多々あったと思いますが、一貫して変わらなかったのは、学生への思いです。自分の利益ではなく、ときには学校の利益でもなく、学生のことだけを考えて指導してきました。

もしもそんな私が、「あなたは本当に学生のことをいちばんに考えていますかねえ？」などと言われたら、どうでしょう。その一言は、それまでの私を完全に否定することになります。

幸い、私は学生に恵まれ、職場の方にも恵まれ、周りの方々に「鹿島さんは常に学生のことをいちばんに考えている」と私の価値観を理解していただき、支えていただくことができました。だからこそ、指導者として続けてこられたのです。

仕事でもプライベートでも、ある程度信頼関係が築けたと思っていた方のちょっとした一言で、「この人は私と価値観が全然違っていたんだ」と気づかされることがあります。そんなとき、まだまだ未熟な人間である私は、それ以上、その方と関係を深めていこうという気持ちが失せてしまいます。

これだけは言ってはいけないという一線。その一線を越えたら、もう終わり。二度と元の関係には戻れない。そういうものがあるのだと思います。

こうした価値観の違いから生ずる問題というのは、生きているうちには何度かぶつかるものだと覚悟しておいたほうがいいかもしれません。

たとえば、人が転職を決意する大きな理由は「価値観の違い」だったりします。あるいは離婚を決意するときも「価値観の違い」だったりします。それだけ、人にとって価値観は大切だということです。

だからこそ、相手の価値観を大切にしなければならない――。頑固な面がある私は、ときとしてそのことを忘れそうになることもありますが、自戒の念も込めて、できるだけ相手の価値観を受け入れる心の広さを持つようにしたいものです。

また、世代による価値観の違いというものもあります。それをこちらが年上だからとか、立場が上だからと、若い人に押しつけるばかりではなかなかいい関係は築けません。

若い人と接するときは、こちらから歩み寄るのです。「ディズニーランドが好き」という人だったら、「かくれミッキーってたくさんいるの？」というふうに話しかけたり、オシャレが好きだという人なら、「洋服はどこで買うの？」と聞いてみたりして、こちらから寄り添っていく。そんな態度が、若い人といい関係を築く糸口になっていくのだと思います。

実際、自分と価値観がぴったり合う人を見つけるなんて〝幸せの青い鳥〟を探すようなもの。そう思っているくらいでちょうどいいと思います。

自分のほうから踏み込んで、相手のことを知る努力をして、少しでも価値観の合う人を探す。あるいは、自分のほうからいろいろな人の価値観に合わせていく努力をするほうが現実的だし、合理的だと思います。

そのためには、相手の価値観を受け入れるだけの心の柔らかさが必要ですし、相手に寄り添ったり、共感したりする心の広さが必要でしょう。

多くの人と良好な人間関係を築きたければ、「価値観はみんなそれぞれ違うもの。多少でも合うところがあればいいいな」と思うべきなのです。

いっしょに仕事したい人

ポジティブオーラを放つ

あなたは、何事にも否定的な後ろ向きな人と、何事にも前向きな人、どちらといっしょにいたいと思いますか？

誰でもそうでしょうが、発言がいつもネガティブな人といっしょにいるのはつらいものです。

たとえば、営業の会議で、ある商品をどうすればもっと売ることができるかを検討しているとき、売れない理由をやたらと並べる人と、「こうすればどうだろう」とポジティブな提案ができる人――。後者の人といっしょに仕事をしたほうが楽しいでしょう。

人はネガティブな人より、〝幸せオーラ〟を持っているポジティブな人のほうに集まってきます。ですから、ポジティブな人が主導するプロジェクトはみんなの協力を得て成功する確率が高いものです。

さて、その人がポジティブかネガティブかを判断する大きなポイントの一つが**「言い訳が多いか少ないか」**です。

言い訳の多い人は、発想がネガティブで常に失敗したときのことを考えています。ですから、少しでもうまくいかないことがあると、あれこれとマイナス材料を数え上げて、自分のせいにならないようにしようとします。

ある意味「まじめ」で慎重なのですが、言い訳の多い人とは誰もいっしょにいたいと思いませんし、ついていこうと思いません。

一方で、発想がポジティブな人というのは、あまり言い訳をしないものです。それどころか「これでダメだったら、次はこれ！」と、次善の策を考えていて、それを前面に打ち出していきます。もちろん、失敗することもあるでしょうが、立ち直るのも早く、すぐに次の一歩を踏み出せるので、最終的には大きな成功をおさめることになります。

まじめであることも大切ですが、まじめな「だけ」では、魅力も実力も磨かれないのです。どこか楽天的で抜けたところがある人、失敗しても言い訳をせずどんどんチャレンジしていく人には魅力を感じますし、また会いたい、いっしょにいたい、ついていきたい、と思うものでしょう。

プライバシーを守る

口が堅い人になる

昔に比べ、日本でもプライバシーが、ずいぶん重視されるようになってきました。社会人として、人のプライバシーをきちんと守れない人は嫌われるし、信頼されないでしょう。

私の、学生に教える仕事にしても、司会という仕事にしても、人のプライバシーにかかわる部分が多く、どこまで踏み込んでいいのか迷うことも少なくありません。

たとえば、最近は、大学や専門学校受験における面接試験のときに、親の職業を聞くのはNGとされています。個人情報保護ということからでしょう。

教える側としては、その学生のバックグラウンドをできるだけ多く知ったうえで指導していきたいのですが、なかなかそうもいかない時代となってきました。そのため、そうした情報は、入学後、個々の学生とのやりとりの中で拾っていくしかありません。

また、司会の仕事でも、式をいいものにするには、新郎新婦のご両親やご親族のことまで、できるだけ知っておきたいのですが、それもまた、個々のお客様との会話の中で探っていくということになります。

その場合、「私はこうこうですが、あなたはいかがですか?」と、**まずは自分のプライベートのことを話して、その後、相手のプライベートのことを聞く**など、工夫が必要です。

こちらがプライバシーを開示すれば、相手もある程度信用して、プライバシーを明かしてくれるものです。

ところで、そうした表面的なプライバシー保護が進む一方で、個人レベルでのプライバシーについて無神経な人も相変わらずいるようです。

「あの人、誰それと別れたんだって」とか「あの人、離婚しそうなんだって」「あいつは左遷されるよ」などと、話題にしなくてもいいことを得意げに口にする人もいます。人が自分のプライバシーを明かすのは、相手のことを信用しているからです。その信用を一度でも裏切れば、二度と信用してもらえないし、そうした裏切りはいつしか人の知るところとなるものです。

人のプライバシーを守ることは、イコール自分を守ることでもある。そう心に刻んでおきましょう。

人生は長い。
だから——

「損・得」だけで動かない

ときどき「あれをしてあげたんだから、これをしてほしい」と露骨に言ってくる人がいます。口にしないまでも、そういう気持ちがあからさまに見て取れる人もいます。

何か助けてもらったことがあれば、お返しをしなくてはと、誰しも思うでしょう。でも、あからさまに〝貸し借り〟の理論を振りかざされると不快な気持ちになり、「もう借りはつくらない」「お付き合いしたくない」という気持ちになるものです。

また不思議と、そういうタイプの人の中には、常に上司の顔色をうかがい、何かあるたびに「○○さんのために」と、アピールする人が多いのです。そうすれば、上司の覚えがよくなり、自分の得になると思っているのが、みえみえです。

でもそんな人は、いずれ損得ずくの心を見透かされてしまい、周りから相手にされなくなっていきます。

〝社会人〟として生きていく以上、相手のことを心から思いやって行動することが大切です。

たとえば職場で、同僚や部下が困っているとき、自分にできることがあれば、〝当然のように〟手を貸す。そういう姿を周りのみんなは本当によく見ています。

そして、別に見返りなんて求めなくても、いずれ自分が困ったときに、なんらかの形でお返しとなって必ず戻ってきます。

学生を見ていても、それはまったく同じです。「○○してあげたんだから、○○して」という学生は、本当の友だちをつくれず、浮いてしまいます。

逆に、たとえば病気で休んだクラスメートに「はい、この前の授業のノート」とさりげなく渡したり、顔色のすぐれない子に「何かあった？　大丈夫？」と気遣ったりできる学生の周りには、いつも人が集まっています。きっとその中には一生の付き合いになる友だちもいるはずです。

人生は長いのです。目先のことばかりにとらわれないことです。人生には社会人として働くシーンもあれば、プライベートでの付き合いのシーン、家族ができて親となって子どもを育てるシーンなどたくさんのシーンがあります。

人はそんなさまざまなシーンで、誰かに助けられ、支えられて生きています。だからこそ「見返りを求めない」生き方をすることが大事だと思います。

出世できる人、できない人

上手に「根回し」する

どんな世界でも**「根回し」**は大事です。

「根回し」を辞書で引くと、「会議や交渉を円滑、有利に運ぶために、非公式の場で合意の形成をはかること。下工作、下相談ともいう」(『ブリタニカ国際大百科事典』)とあります。

つまり、さまざまな意見がぶつかり合うところでは、事前に自分の考えを話して賛同を得ておくことが根回しの目的なのです。

組織が大きくなればなるほど根回しは大切になります。さまざまな利害関係が複雑に絡み合って、意見が割れることが多いからです。だからこそ、何か大切なことを提案するときには事前に根回しすることが不可欠です。

そのとき**積極的に根回しすべきは、賛成してくれそうな人でも、反対しそうな人でもなく、賛成か反対かどちらかわからない人**です。賛成してくれそうな人は、特に根回しをしなくても問題ありません。もともと反対しそうな人は、根回ししたところで翻意させるのは難しく、時間の無駄になる可能性が高いでしょう。

ですから、賛成か反対かどちらかわからない人を取り込むことが成否を決めるポイントになるので、事前に根回しし、自分の提案にどんな反応を示すか、どんな意見を持っているかなどを探り、その情報をもとにして、会議の場でいかに自分の意見をうまくアピールするか、あるいは反対意見が出たときにどう対処するかの策を立てておかなければなりません。

ただし、影響力の大きな人（キーマン）に対しては、その人が賛成してくれそうな人であっても、反対しそうな人であっても、事前に話をしておくことが大切です。**組織内で影響力を持っている人は、自分の知らないところで、自分の知らないことが起きていることをとてもイヤがります。**

たとえば、会議がはじまって突然知らない議題が出されたりすると「そんな話は聞いてない！」と不快に感じます。まして、自分だけが知らされていなかったりすると、侮辱されたように感じ、怒りが湧いてきて、どんなに提案が優れていたとしてもわざと先送りしたり、潰したりしかねません。

そうした事態を防ぐためにも、会議などで何か大切なことを提案するときには、キーマンには事前に必ず話を伝えておかなければなりません。

もちろん、根回しは簡単ではありません。キーマンに自分の説明を聞いてもらう機会をつくることからしてたいへんですし、下手な説明をしてしまったり、自分の主張ばかりを並べ立てたり、強引な物言いをしたりすると、逆効果になってしまう危険性もあります。

キーマンには、「ご相談があるのですが」と、アドバイスをもらうというスタンスでアプローチしたほうが、話を聞いてもらえるでしょう。

根回しがうまくいくかどうかは、労を惜しまずに立ち回り、賛同してくれる仲間をいかに増やすかが決め手となります。

3章

ここで「喜ばせる」

——だから、この人とは「何度でも会いたくなる」

「好意」の示し方

相手が「好きなこと」を覚えておく

私の祖父は、「青木屋商店」というお米屋さんを営んでいましたので、毎日、卸売業者から何十俵もの玄米が配達されてきました。それを精米工場で精米して販売していたのです。

配達してくれる人はたいへんです。一俵は六〇キログラムもの重さです。それを一日に何度も配達して、工場内の指定された場所にていねいに積んでいかなければならないのですから。

ふつうなら、「うわ、青木屋？　重くてたいへんだからイヤだなぁ」と思われるところでしょう。ところが、「青木屋さんから注文が来たよ」となると、「私が行きます」と言って手を挙げる人が多かったというのです。

それは祖母のおかげでした。**祖母は配達してくれる人たちに、「いつもありがとうね。ご苦労様」と言って、缶コーヒーやタバコなどをさりげなく渡していたのです。**しか

も、誰がどの銘柄が好きかまで覚えていて用意していたらしぃのです。

おかげで、「青木屋に行くと女将さんがよくしてくれる」ということになって、「青木屋の仕事はたいへんだけど、私がやるよ」という人が多くなったというわけです。

幼い頃の私は、その話を聞いて、「ふーん、そうなの」とあまり気に留めていませんでしたが、大人になるにつれ、その話を思い出しては、「相手の好きなことを知る、覚えるって、本当に大切なんだなぁ」と感じるようになりました。

たとえば誕生日に、「あなた、この花が好きだって言っていたよね」と、自分の好きな花をプレゼントされたら本当にうれしいものです。

人は、「自分の好きなことを知ってくれているということは、自分に関心を持っているということだ」と思うものなのです。私自身、自分の好きなことを覚えてもらっていると、「ああ、自分に関心を持ってくれているんだな」とうれしくなり、相手に対する好意を覚え、「また会いたいな」と思いますし、「何か困ったことがあったら手助けしてさしあげたいな」と思います。

相手の好きなことを覚えているということは、相手に対するさりげない気遣いでもあり、相手への関心の高さをアピールすることにもつながります。そして、そういう気遣いのできる人は、人を惹きつけるオーラを放つようになっていくのです。

相手を乗せる方法

相手の言葉一つひとつに反応する

これは、学生相手に授業をしたり、講演会でお話ししたりして感じることですが、話している側は、聞いている方々がうなずいてくれたり、目を輝かせてくれたりすると、**「この人たちにもっと聞いてもらいたい」**と乗ってくるものです。

学生相手の授業でも、最初は学生たちを惹きつけるために、余談から入ることがありますが、「えっ、先生、それで、それで？　すご～い」などと、妙にうまいあいづちを打たれたりすると、どんどん乗せられて余談がふくらんでしまい、なかなか本題に入れなくなることがありました。

でも、そこでコミュニケーションが取れて、相手との距離がグッと縮まったと感じることは少なくありませんでした。

つまり、**「楽しそうに人の話が聞ける人は、会話を盛り上げる力がある」**ということです。

また、司会者としての私の立場から言うと、婚礼のお客様の場合、スムーズに結婚式を進行するためには、新郎新婦のバックボーンをよく知らなければなりません。

そのためには**「聞き出す力」**が必要です。そして、聞き出すときに求められるのが、お客様に**気持ちよく「この人に聞いてもらいたい」と思ってもらえるかどうか**です。

打ち合わせの席で、口数の少ない方もいらっしゃいます。限られた時間の中で、そのような方にもいかに心から打ち解けて話していただけるかが司会者としての腕の見せどころです。そこで私が常に心がけているのは、**「相手の言葉の一つひとつに反応する」**ということです。

たとえば、「学生時代に力を注がれたことはございますか?」と尋ねて、「バスケットボール」と返ってきたら、すかさず「背が高くていらっしゃるから、さぞ活躍されたのではないですか」とお聞きします。

すると「そんなたいしたことはないですけど、一応、県大会で二位になったことがあります」などと返ってきます。そして、「それは、すごいですね。ポジションはどこを務めていらっしゃったのですか?」と聞くなどして、さらに話を引き出していくわけです。

つまり、相手を「乗せる」のです。もちろん、こちらが実際に興味がある話題で、楽しんで聞けるのがいちばんいいのですが、仕事の場では、ときにはそうでなくても興味がある、楽しんで聞いているように見せなければならないこともあるでしょう。

そういう意味では、**相手をヨイショして乗せて話を引き出す力、聞き出す技術**も必要なのです。

ヨイショするのはきっかけづくりのためです。そうして、結果的に話が弾むことで、お互いの人となりがわかり、距離が縮まり、相手に対する安心感や信頼感が生まれ、「この人にもっと話を聞いてもらいたい。また会いたい」となるのではないでしょうか。

『人を動かす』極意

相手の「自慢話」を話題にする

デール・カーネギーは、世界的ベストセラーになった『人を動かす』の中で、**「自分のことをしゃべるのはなるべく少なくして、相手の言葉に耳を傾けるようにするべきだ」**と書いています。

多くの人は基本的に「みんなに自分のことを知ってほしい。だから自分の話を聞いてほしい」と思っているものです。

そして往々にして、相手を説得しようとするあまり、自分のことをしゃべるのに夢中になってしまいます。「でも、それでは相手を動かすことはできないよ。むしろ、相手の言うことをよく聞いたほうが人を動かせますよ」とカーネギーは言っているのです。

たしかに、相手が熱心に自分の話を聞いてくれると、気持ちのいいものですし、相手に理解してもらえたような気持ちになり、いい時間が過ごせたという充実感を得ることができます。

だからついつい自分のことをいっぱいしゃべりたくなるのです。

でも、それは相手も同じこと。相手だって、自分のことを話したい——。だから、自分を相手によく思ってもらいたいと思ったら、相手の言葉にしっかりと耳を傾けることが大切なのです。

またカーネギーは、相手の話を聞くにあたって「相手の話している間は、途中で口を挟まず、最後まで聞くこと。相手が喜んで答えるような質問をして、極力相手が得意にしていることを語らせるようにするべきだ」とも書いています。

そんな会話を成立させるテクニックの一つが、**相手の「自慢の種」を話題にすること**です。ただし、「自慢の種」は人によってさまざまです。

仕事の手柄話をしたい人。

息子の自慢話をしたい人。

恋人自慢をしたい人。

得意なスポーツや趣味の話をしたい人。

……人の数と同じだけ自慢の種があると言ってもいいほどです。その中から、相手やそのときの状況に応じて、話題を選んでこそ、相手の心をつかむことができます。

では、どうすれば、ＴＰＯに合った「自慢の種」を話題の中心にできるのか。

そのためには、相手の情報を収集し、蓄積しておくことです。

さらに、そうした話題に関連することをリサーチしておき、その場に合った話題として会話に潜り込ませていくことが求められます。

そのとき、**仮に自分に興味がないことでも、相手の話を面白がる〝演技力〟も必要**かもしれません。

そんな戦略を使うのも、人間関係をよくするための知恵、賢さであると私は思います。

心を打つ“お世辞”

今より三倍、人をヨイショする

「私は人のお世辞になんか絶対乗せられない」と言う人もいますが、そういう人に限ってお世辞に弱いような気がします。

およそお世辞を言われてうれしくならない人なんていません。私たち司会者仲間では、「司会者はヨイショができてなんぼ」とまで言われています。

たとえば、お名前を紹介するときに、「業界を常にリードする○○社の」と一言プラスします。さらにその方個人についても「○○社で辣腕《らつわん》をふるっていらっしゃる」と、一言加えます。

そう言われて絶対にイヤだなどと言う人はいませんし、人間、褒められてイヤな気分になることはないと断言できます。

相手との良好な関係を築きたかったら、感じたことの三倍くらいはヨイショしていいのです。

もちろん、まったく心にもないことを口にするのは難しいものです。私自身、「嘘がつけない司会者」を自称していますが、ちょっとでも相手のいいところを見つければ、それを三倍くらいにふくらませて言葉にしています。

「三倍も？」

そう思うかもしれません。

でも、ふつうに言っても、ただ聞き流されてしまいます。**相手やその場にいる人たちの心に響かせるには、三倍に盛るくらいがちょうどいい**のです。

また、目上の人に対しては、「○○さんのおかげです」とか、「いつも助けていただいてありがとうございます」とか、一言でいいので感謝の言葉を必ず付け加えることです。それがかわいがられる秘訣です。

後輩や部下をヨイショすることも重要です。私は学生にも、「あなた本当にいつもきれいね」と言っていました。言われた本人たちも、「またまた、先生」とか言いながらまんざらでもない顔です。

私は、**言ってはいけないお世辞なんてない**と思っています。

お世辞を言われて、その場では「いやぁ」と難しい顔をするような頑固な方も、家に帰ったら、ニンマリしているに違いない――。そう信じています。

人を褒めるレッスン

「その人らしさ」を褒める

ホテル業界やブライダル業界は、お客様を心地よくさせるコミュニケーション能力が重視される世界です。

ですから、専門学校では入学したばかりの四月早々から、マナーの授業や接客サービスの授業を行ないますが、その際、私は**「お互いを褒め合う」**というトレーニングを取り入れていました。二人一組になって、お互いに、相手のいいところを一つ褒めたら、一つ褒め返すのです。それをまず五分間続けます。

ほとんどの学生は、まず「背が高いね」とか、「色が白くて素敵ね」とか、「いつも髪型が決まっているね」など、外見から入ります。続いて出てくるのが、「いつも明るいね」とか、「優しいね」といった人柄的なことです。

五分間はけっこう長くて、すぐに褒めるネタに困ってしまいます。そしていよいよ褒めることがなくなったら、「時計が素敵だ」とか「帽子が似合っている」「洋服がおしゃれ」などと身につけているものを褒めます。

そこでのポイントは、**時計や帽子、洋服だけを褒めるのではなく、そういうものを身につけている相手のセンスが素敵だと褒めるべきである**ということです。目についたことからうまく拾って褒めていきますが、**できるだけ他の人にはないその人らしさを褒めてさしあげる**と、相手の心をくすぐることができます。

昔の一流ホテルのホテルマンは、お客様に挨拶をする際、お辞儀をしたときにまずお客様の足元を見ました。

そして、スマートに見せるためにゆっくりと顔を上げて背を伸ばしていくのですが、その間にお客様の身なりや、身につけている物などを拝見し、どのようなお客様なのかを見極めるような訓練が行なわれていました。そうして観察眼を養っていたようです（今でも同じ教育がされているかもしれません）。

そもそも日本人は人を褒めるのがあまり得意ではありません。褒められたり、褒めたりするのに照れくささを感じる人が多いようです。

でも、褒められてイヤがる人はいませんから、照れずに積極的に褒めてみてください。勇気を出して、褒め言葉を一言か二言、口にしてみただけで、相手が意外なほどうれしそうに反応するのが実感できるはずです。

人に「かわいがられる人」

人のアドバイスどおりにやってみる

私は長年、専門学校で一〇代の学生にも教えてきましたが、司会者を育成する仕事もしています。

教えていて感じるのは、学生は、若いだけに頭も柔らかく、業界のことをまだ知らないので、こちらが伝えることをとても素直に受け入れてくれます。そのため、吸収が早く、こちらが思う以上に、急成長を遂げることもあります。

一方、司会者の育成は、多くの場合、社会経験を持った人が対象であり、さまざまな分野である程度の実績を残している人もいます。

そのため、こちらの言うことを最初は素直に受け入れることができず、自分のスタイルをかたくなに守ろうとする人も多いのです。

教える側としては、その人が気づいていないところを指摘してアドバイスし、プロの目から見て不足している部分を補ってあげたいと思っているのですが、そんな気持ちがうまく伝わりません。その結果、なかには、身につけるべき知識や技術を自分のものにできない人もいます。

それに対して、これまでの経験は関係なしに、こちらの指導を着実に守れた人、アドバイスどおり動けた人は、その後、司会者として大成しています。

ある程度の年齢になると、経験が邪魔をして、人の言うことを聞けなくなることがありますが、成功したいのであれば、先輩や上司、成功している人の言葉には、素直に耳を傾けるべきです。

まずはそうやって〝できる人〟の方法論を真似したり、アドバイスどおりに行動したりすることはけっして無駄なことではありませんし、成長も早いのです。

そういう意味では、**まずは素直にアドバイスどおり動いてみる**ことです。

そして自ら経験を積みながら、自分なりの成功の方程式をつくり上げていけばいいのです。

また、自分を慕ってくれて、アドバイスを素直に聞く後輩はかわいいものですし、何か失敗したとしても大目に見てやりたくなるのが人情です。新たな仕事に取りかかるときにはチャンスを与えてやろうという気持ちにもなります。

だから、素直な人は仕事も人生も好転していくのです。

いっしょに食事したい人

「話の回し方」がうまい人になる

話が上手な人っていますよね。それこそ「立て板に水」のような人です。たとえば、そういう人と食事をして、一度くらいなら楽しく過ごせるかもしれませんが、「またいっしょに食事がしたい」とはあまり思わないものです。

一方的に話を聞かされるのは、かなりつらいことです。まして相手の話の内容は自分のことばかり。「もう勘弁してほしい」となるのは当然です。

誰しも食事のときはゆったりした気持ちで料理を味わいたいものですし、お互いに話したいこと、聞いてもらいたいことがあるからこそ、いっしょに食事をする時間をつくるものです。自分のことばかりまくしたてるような人と食事をしてもストレスが溜まるばかりです。

たしかに、とても知識が豊富で、いろいろな話題を次々に持ち出し、聞く人に飽きさせることなく話ができる人は、「あの人の話はいつも、ためになる」などと尊敬されたり、高く評価されたりしています。でも不思議なことに、そんな人とたびたびいっしょに食事を楽しみたいとは思いません。なんだか、話を聞いているうちに、それだけでお腹がいっぱいになったような気分になってしまうからです。

そして、そんな人がひととおりしゃべり終わると、その場を沈黙が支配してしまいます。それ以上、話は盛り上がらず、気まずい雰囲気が漂ってしまうのです。

では、いっしょに食事をして楽しい人とは、どんな人でしょうか。

聞き上手で、「話の回し方」が上手な人。

そんな人こそ、いっしょに食事をして楽しい人だと私は思います。人の話を上手に引き出し、それを他の人に振ったりして話を広げてくれる人。盛り上げてくれる人。まさに「話の回し方」が上手な人です。

そういう人となら会話は弾みますし、食事も進みます。そしてついついお酒の杯も重なり、ますますその場が楽しくなっていきます。

男性同士の場合には、仲がよくなると無理に会話をしなくても自然に時間が過ぎていくということもあるようです。飲んで、食べて、また思い出したように話をして、沈黙の時間も楽しめる——。私も含めて、もともとおしゃべり好きな女性からすると、素敵な関係に思えます。

「仲間の輪」の広げ方

「とっておきのお店」を持っておく

あなたは、どんな人と、どんなお店で食事をしていますか?

ひょっとすると、いつも同じお店で、同じメンバーと食事をしているのでは?

あるいは一人で食事をするのが好きな人もいるでしょう。

いずれにしても、なんだかもったいないような気がします。

食事はいろいろな人とのコミュニケーションの輪を広げ、関係を深める絶好のチャンスです。できれば男女を問わず、いろいろな世代の人、違う職種の人などと食事をする機会をつくりたいものです。

そのとき、会う相手によってお店をセレクトできるかどうかも、「また会いたい」と思ってもらえるかどうかのポイントとなります。

ある程度の年齢になると、少しずつ行きつけのお店ができていきますが、往々にして仲のいい同僚と行く馴染みのお店が中心になってしまうようです。そんなお店なら、自分のことをわかってくれていますから、居心地がいいし、安心できるでしょう。

でも、それだけではちょっと寂しい気もします。せっかくですから、**「自分を中心」とした人の輪を広げるために、新たなお店を開拓してはどうでしょう。**

たとえば、自分一人では行かないような、でも若い人が好みそうなお店にちょっと足を運んでみるのもいいかもしれません。

若手の部下から「あの人が連れていってくれる店はとてもおいしいよ。はずれがないよ」なんて言われ、部下を掌握するちょっとした武器になるかもしれません。

最近、繁華街はチェーン店ばかりになってきましたが、ちょっと繁華街を離れた隠れ家的なお店を知っていると、「こんな素敵な店を知っているなんてイケてる！」と、あなたを見る目がグンとアップするかもしれません。

仲のいい同僚と安く飲みに行くところ、男性同士・女性同士で行くところ、後輩を連れていくところ、上の人と行くところなど、複数のお店を開拓しておくのです。

そもそも、いろいろなお店を知っている人は、好奇心旺盛ですし、生き方も積極的です。それに気配りや目配りも上手な人が多いようです。だからみんなが集まってきて、人の輪もどんどん広げていけるのでしょう。**ＴＰＯや相手のタイプ別に使い分けできる、とっておきのお店を五、六軒は持っておきたい**ものです。

社交辞令で終わらせない

「今度食事でも」を実現させる

仕事上での付き合いで、「では、今度食事でも」を挨拶代わりにしている人も少なくないでしょう。実際、いっしょに食事をすることで、人間関係がうまくいくようになることはよくあります。

ただ、「今度」が実現することは、そんなにないでしょう。みんな忙しいし、「では、今度食事でも」が社交辞令になってしまっているのです。そういう意味では、**「今度食事でも」をすぐに実現させれば、その効果は絶大**です。

それだけで信頼度が上がるでしょうし、「あの人は約束を守る人だ」とか、「行動力がある人だ」と評価されることになります。

また、相手に「なんだが、自分に好意を持ってくれているのかな」とか、「自分を大事にしてくれているんだな」という思いを抱かせる効果も期待できます。

ですから、本当に食事をいっしょにしたいと思った人に対しては、「何曜日がご都合よろしいでしょうか?」とその場で聞いて、自分のほうから誘ってみるべきでしょう。仮に断られても、誘ったという事実は残りますし、相手のほうも好意を持ってくれていたら、「この間はせっかく誘ってもらったのに断ってしまったから……」と、あとで誘いの言葉をかけてくれるかもしれません。

最近の若い人は、上司と食事に行ったり飲みに行ったりするのをイヤがることが多いようです。仕事が終わってまで上司といるなんて面倒くさいということなのでしょう。でも仕事を離れた場だからこそ、相手の本音を知るチャンスなのですから、いい機会だととらえ、積極的に誘いに乗るべきでしょう。

ただし、女性の場合は少し注意が必要です。

私は、企業実習に行く学生たちに、「職場の方に食事に誘われても、絶対に一人で行っちゃダメよ。行くなら、二、三人でいっしょにね」と指導していました。

日本の若い女性は、男性に食事に誘われると気軽についていきますが、国によっては、それは、そういう仲になってもOKということを意味すると言われています。

そこで、「せっかく声をかけていただいて、『行きません』というのもスマートじゃないから、『ぜひお願いします』と、お言葉に甘えて、二、三人で行きなさい。下心のある人だったら、たぶん次は誘ってこないから」とアドバイスしていました。

話が面白い人

「雑談力」を磨く

仕事の話しかしない人がいます。

そんな人と何度も会うのは楽しくないし、億劫です。

会って話すのが楽しみなのは、たとえば趣味の話とか、家族の話を織り交ぜて、上手にコミュニケーションを取る術を身につけている人です。

たとえば、お子様がいらっしゃる方に対しては、**相手のお子様の名前や年齢を覚えていて、「もう小学校に上がる頃ですよね」などと、さらりと話題にする。**そうすると、相手の方は、「よく覚えていてくれたな」と、うれしくなって、「ええ、ありがとうございます。そうなんです。おかげさまで……」と、相手に対して心を開きはじめるのです。

また、心が温かくなるような話題を提供してくれる人も好かれます。

自分の身の回りのできごとでいいので、ホッとしたり、ウキウキしたりするようなエピソードをちょっと挟み込んでみる。たとえば、「自宅にツバメが巣をつくって、親鳥が懸命に子育てしているのを見て、自分もがんばろうと思いましたよ」なんて話をさりげなくする。

それを聞いた人は、その光景を思い浮かべて「そうだよね」と共感してくれるでしょう。

そういう面では、男性より女性のほうが、能力があるかもしれません。

女性は噂話で盛り上がる傾向があります。それは、とにかく仕事一途な男性に比べて、女性のほうが興味の対象が多くて、ネットワークも広いし、情報力もあるということかもしれません。たとえば、女性のスイーツに関する情報量などは、男性の比ではありません。「あそこはおいしい」と聞くと、とりあえず行ってみる。その行動力は男性にはないものでしょうね。

男性も仕事ばかりでなく、もっと自分のネットワークを広げる努力をしたほうがいいのではないでしょうか。

男性には仕事の話ばかりする人が本当に多いのです。しかし、幅広いネットワークを持ち、仕事以外の話ができるともっと魅力的になれますし、周囲から一目置かれる存在になれます。

「聞き上手」の共通点

どんな話も「面白がって聞く」

「聞き上手な人」と言えば、黒柳徹子さんとか阿川佐和子さんが筆頭に挙げられます。お二人はもちろん、すばらしい話術の持ち主ではありますが、よくよく聞いていると、インタビュアーとして何か特別な技術を駆使していらっしゃるわけではないような気がします。

黒柳さんにしろ、阿川さんにしろ、それぞれ人柄がにじみ出るような話の聞き方をなさっていて、それが相手の心を開き、素敵な話を引き出しているのではないかと思うのです。

黒柳さんの場合は、**目を輝かせて、「あら、教えて」とか「あら、あなた、なにそれ?」と言って、それこそ身を乗り出さんばかりにして聞く**のです。好奇心が旺盛で、相手の話を聞きたくてしかたない、ということを全身で表現します。だからこそ、話すほうも、ついつい乗せられて話したくなるのです。

一方、阿川さんの場合は、合いの手の入れ方が絶妙です。おっとりした感じで、リラックスして話ができる雰囲気づくりが上手ですし、またとてもユーモアがあって、**ちょっととぼけたりして相手にあえて隙を見せることで話を上手に引き出しています。**

このお二人に共通しているのは、**「どんな話でも面白がって聞こうとする姿勢」**ではないでしょうか。

その姿勢は、私たちも見習うべきです。どんな話でも自分には関係ないと思わないで、たとえ畑違いの分野の話でも興味を持って聞くことが大切です。

ときどき、人と話していて、どうしてそんなに突っかかってくるのだろうと思わせるような人がいます。まじめなタイプの人に多いのですが、一つひとつの話を真正面からとらえて、生まじめに返してくるので、そんなふうに感じるのだと思います。

もちろん、そういうまじめさが必要な場面もありますが、お互いに会話を楽しみ、関係をよくするには、どこか〝遊び〟の部分も必要でしょう。

たとえば、所ジョージさんとか、高田純次さんとか、なんだかフワフワとしていて、とりとめがないようなところもありますが、あの軽妙さ、最高ですよね。話している相手がフッと脱力して笑いたくなってしまいます。あのレベルまで到達するのは難しいと思いますが、少しでも見習いたいものです。

また、「聞く力」と同様、**「質問力」**も大切です。

たとえば、一八世紀を生きたフランスの哲学者ヴォルテールは、**「答えではなく、むしろ問いによって人を判断すべきである」**という言葉を残しています。言い換えれば、「いい質問ができるかどうかで、その人の能力が判断できますよ」ということです。

たしかに、会話の中で上手に質問できる人は、とても博識です。そもそも、適切な質問ができるということは、それだけ知識が豊富であることを意味します。また、気配りも上手です。だから、会話を続けているうちに、いつの間にか主導権を握り、みんなの信頼を獲得していくのです。

そういう意味では、ぜひ「質問上手」になりたいものです。誰かと会話していると き、もちろん相手の話を黙って聞く姿勢も大切です。しかし、あまりにも無反応では会話も弾みませんし、話している人との距離を縮めることもできません。

何の質問もしないで聞いているばかりの相手だと、「この話に興味がないのかな」とか「私が言っていることをわかっているのかな」と不安になります。

ましてや上の空で聞いているような人に対しては、なんだか話をすること自体が無意味でバカバカしいことに思えてくるでしょう。

相手をそんな気持ちにさせないためには、上手にあいづちを打ったり、ときには身を乗り出して、「一生懸命に聞いているんですよ」というシグナルを発したりすることが必要です。

相手の話をしっかり聞いていればこそ、質問も出てくるものです。また、話しているほうにすれば、質問してもらえてこそ、「興味を持って聞いてくれているんだな」と感じ、さらに話に熱が入るというものです。

質問によって会話が回りはじめ、お互いの理解が深まっていきますし、上手に質問してくれる人に対しては、多くの人が「あぁ、この人は私の言うことを本当に理解して、共感してくれている」と感じるようになるのです。

フットワークを軽くする

「さっと手伝える人」になる

地下鉄に乗っていたときのことです。

とある駅で、年配のご婦人が電車から降りるとき、ショールを落としてしまいました。隣に座っていた中年の男性が、それに気づいて、中腰になって「おばあさん、おばあさん」と声をかけましたが、そのご婦人は気づかなかったのか振り返りません。電車の扉は今にも閉まりそうです。

そのとき、車内には私も含めて二〇人ほどの乗客がいましたが、とっさのことで身動きもできないまま、その様子を見ていました。そのとき、男の子がパッと立ち上がり、ショールをつかんでホームに飛び出し、ご婦人に「これ、落としましたよ」と言ってショールを手渡したのです。

彼はすぐに電車に戻ろうとしましたが、目の前でドアが閉まってしまいました。彼はドアの外で、ちょっと恥ずかしそうに笑っていました。

一方、電車の中では、その少年に対する賞賛の拍手が湧き起こりました。きっと、拍手の音は彼には届かなかったでしょう。でも、みんなの気持ちは伝わったと思います。

先に、あるホテルのスタッフで地位のある人が、業者の男性が荷物を抱えているのを見てさっと動いて荷物を運ぶのを手伝ったところを見て感動したというエピソードを書きましたが、私たちは日々の生活の中で、たびたびそんな素敵なシーンに出合います。

そしてそんな場面を目にすると、心がとても温かくなると同時に、自分自身も、**困っている人や助けを必要としている人がいたら、「手伝いますよ」とさっと言えるようになりたい**ものだと思います。

私が専門学校で授業の準備のため、机のレイアウトを変えていたり、教材をたくさん抱えていたりしたときに、友人同士で会話をしていても、それを見てパッとすぐに駆けつけてきて、「先生、お手伝いします」と言ってくれる学生がいましたが、本当にありがたく思いますし、「こういう子たちは、社会に出ても活躍できるだろう」と確信する瞬間です。

「お手伝いします」という言葉を口にするのは、ちょっと勇気が必要です。でも、「自分が相手の立場だったら」と考えれば言えるはずです。

断られたら恥ずかしいとか、余計なことと思われるかもしれないと遠慮してしまいがちですが、まずは声をかけてみることです。

そして、人より先に声をかけたうえで、実際に動くこと。さっとフットワークよく行動できることが大切です。

フットワークよく手伝ってくれた人には、困難な状況を察してくれたことに感謝しますし、頼もしく感じます。そして、心が通じ合えているようにさえ思えるのではないでしょうか。

ウィン・ウィンの
関係をつくる

相手の「メリット」を考える

前述した「『さっと手伝える人』になる」にも通じることですが、**「相手のメリットを理解する」**ことも、社会人として大切なことだと思います。

もちろん、生きていくうえで、自分のメリットを考えるのは当然のことです。誰でもそうするでしょう。

でも、相手のことを一切考えず、自分にとって都合がいいことばかり考えているような人は信頼されるはずもありませんし、ましてや「また会いたい」と思ってもらえないのは当然のことでしょう。『クリスマス・キャロル』の主人公スクルージのように、エゴイストなどといったレッテルを貼られてしまいます。

学生のうちはまだ、気の合う人とだけ付き合っていればいいでしょうが、社会に出ると、それではとても通用しなくなります。

もちろん、自分のことも考えないわけにはいきませんが、それ以上に「こうしたら、相手のためになるかな」とか「その話は相手の得になるかな」などと、相手のメリットを考えたら、私に仕事を依頼してくださる方の中には、「この仕事は鹿島さんにやってもらいたいのはもちろんだけど、鹿島さんのためにもなると思うんです」と言ってくれる人もいます。

相手のメリットを考えれば、それは相手の得にもなります。

そんなふうに紹介される仕事は、ときにはたいへんだったりもしますが、それ以上に私にとってプラスになることが多いのです。それはその人が、私という人間と、私の仕事を理解してくれているからです。そんな関係を築ければ、お互いに、「こんな話があるんだけど」と、メリットのある情報を流し合うようになります。それは、いわば〝ウィン・ウィン〟の関係と言っていいでしょう。

また、相手のメリットを考える人は、付き合いやすいことに加え、多くの人の信頼を得ているので、往々にして驚くほどのネットワークを築き上げているものです。

じつは、**相手のメリットを考えることは、実利的なこと以上に、いいネットワークを築くことができるというのが大きな利点**なのです。

いいネットワークを築くことで、自分自身の世界が今まで以上に広がり、人として成長すると、さらなるチャンスもつかめるからです。

会話にもっとユーモアを

場をなごませる〝自虐ネタ〟を持つ

いろいろな人と素敵なコミュニケーションを築いていくうえで、ユーモアはとても大切な要素です。

ちょっとした冗談でその場を明るくしてくれる人には、誰でも「また会いたいな」と思うものでしょう。

それは、心が軽くなって、「その場にいてよかった。楽しかったな」という気分になれるからです。

ユーモアが役立つのは、プライベートなお付き合いの場だけではありません。ビジネスシーンでも同じです。

ビジネスにおいては、もちろんきちんと話を積み重ねていくことが求められます。しかし、お互いが言いたいことを一方的に言い合ったり、小難しい議論ばかりしたりしていては話が進みませんし、その場の雰囲気もとげとげしくなるばかりです。

そんなとき、みんなの心をフッとなごませ、会話が回りはじめるきっかけをつくってくれるのが、冗談であり、ユーモアです。

ただし、その場にピッタリとくる当意即妙な冗談を繰り出すのは意外と難しいもの。世代によってウケるポイントは違いますし、ましてはじめて会う人に対してどんな冗談を言えば面白いと感じてもらえるか判断に迷うことになります。

そういう意味では、**「自分をいじる冗談」**からスタートするのが無難かもしれません。

最近私がよく使う手を紹介しましょう。

久々にお会いした人に対しては、まず「全然、お変わりないですね」と振ります。すると、だいたい「いやいやあなたこそ、全然変わりませんね」と返してくださいます。

そこで、以前よりかなり太ってしまった私は、「いえいえ、成長してこんなに大きくなっちゃいましたよ。頭は全然ついていけてないですけど……」と自分のことを笑いのネタにするのです。そういう自虐ネタは、相手に受け入れられやすいものだからです。

芸人だったら、「おまえ、アホか！」なんて突っ込んで笑いを取ることもありかもしれませんが、ふつうの人間関係において、相手をいじるのはとてもリスキーです。

自分を下げるか、逆に相手を立てた冗談を心がけるべきでしょう。

「下ネタは誰も傷つけないからいい」と言う人もいますが、それはあくまで同性ばかりの場でのこと。**男性は女性がいる場では、絶対下ネタを口にしないほうがいいでしょう。**とんでもない地雷を踏むことになりかねませんから。

冗談はあくまでも、相手の気持ちをほぐすもの。それを心にとめておきましょう。

4章

ここで「アピールする」

――あなたの「魅力」や「個性」は、どこにある？

感謝は直接

「二度目のお礼」で差をつける

「ありがとう」はとても美しい日本語で、私の好きな言葉の一つです。

先日、中国から留学してきた学生と話す機会がありました。その学生はコンビニでアルバイトをしているのですが、レジを打っていてお客様から「ありがとうと言われ、ビックリすると同時にとてもうれしくなった」と言います。仕事としてやっているのに「ありがとう」と言われたことが、とても意外だったそうです。

また、「年輩の方に電車の中で席を譲ったときに、ありがとうと言ってくれる。降り際にも、さっきはありがとう、と言ってくれる。そのありがとうの一言で心が温かくなった」とも話していました。

文化の違いはあっても、「ありがとう」という感謝の言葉は確実に相手の胸に届くものなのでしょう。

私は母から「ありがとう」の大切さを教わりました。たとえば目上の方からごちそうになったときなど、「あなた、今日、ちゃんとありがとうございましたって言った？　お礼、言ったの？」と何回も何回も言われたものです。

そのおかげでごく自然に「ありがとう」という感謝の言葉を口にできるようになったと思います。

また、何かしてもらったら、その場で「ありがとうございました」と感謝の言葉を口にすることはもちろんですが、**次にその人と会ったときに、もう一度お礼を言うことが大切**です。

最近、若い人の中には、「お礼は一度言えばいいでしょ」と思っている人や、メールで「ありがとうございました」とお礼をしてそれっきりという人もいるようですが、それではせっかくの感謝の気持ちが相手には伝わりません。

また「朝イチで、ありがとうなんていきなり話しかけて大丈夫かな」などと、相手の気持ちを忖度《そんたく》しすぎてお礼を伝えるタイミングを逃してしまう人もいるようです。

「ありがとうございました」と言うのに必要な時間は一瞬です。

またお礼を言われて不快になる人なんていないのです。

そして次に会ったとき、もう一度、声に出してお礼を言ってこそ相手の印象にも残り、「また会いたいな」と思ってもらえるものなのです。

「できる人」の共通点

お礼が早い人になる

人気のある政治家の共通点に、**「お礼が早い」**というのがあるようです。たとえば、名刺交換しただけなのに、翌日には「昨日はありがとうございました。今後ともよろしくお願いいたします」といったハガキが届いてビックリすることもあるようです。

もちろん、議員ご本人ではなく、秘書の方が書いているのかもしれませんが、それでもお礼のハガキをもらったほうはいい印象を抱きます。

政治家の方ばかりではありません。たとえば、**「あの人はできる」と言われる営業パーソンは例外なく「お礼が早い」**ようです。

営業の仕事はとてもたいへんです。先に「ウィン・ウィンの関係を築くことが大切だ」と言いましたが、最初からそんな関係を築けることはほとんどありませんし、簡単なことではありません。

ほとんどの場合、まずはお互いの条件を探り合いながら落としどころを見つけていく作業が必要になりますし、そうした交渉では往々にして関係がぎくしゃくとしたものになりがちです。相手の言いなりになっていては、自分の会社が損してしまうことになりかねないのですから、それも当然のことでしょう。

できる人は、相手と良好な関係を築く術に長けています。その一つが「お礼の早さ」なのです。たとえば、誰かの紹介ではじめて会った人には、ハガキかメールか電話で、**「その日のうち」に、今日はお会いするお時間をいただき、ありがとうございました、と、お礼を伝える**のです。

お礼の言葉を受け取って、悪い印象を抱く人なんていません。それどころか「こんなに早くお礼を伝えてくるなんて、よくできた人だな。信頼できそうな人だな。今度の交渉はなんとなくうまくいきそうだな」と、プラスの感情を持つでしょう。

それは、なにもビジネスシーンに限ったことではありません。日常的なお付き合いの中でも、お礼の気持ちを素直に、早く発信することが大切です。相手に対して、「私はあなたに好印象を持っているんですよ」ということをきちんと伝えるよう、心がけてほしいと思います。そうして相手にいい印象を持ってもらえると、何かあったときに、思わぬ形で助けてもらえたりすることが少なくないのです。

「お礼が早い」ことには、多くのいいことがあるのです。

あなたの評価を高める武器

「名前を覚える力」を磨く

先日、ホテルでお客様をエスコートする仕事をしている若い女性スタッフが、「鹿島さん、聞いて！　やっぱり政治家ってすごい。あの先生はすごい！」と、興奮ぎみに話しかけてきました。

結婚披露宴のお客様としてやってきたある女性議員の方が、彼女と顔を合わせるなり、「○○さん（女性スタッフの名）、今日もよろしくお願いしますね」と、さらっと声をかけてくれたというのです。

その女性スタッフは、その女性議員と何かの機会にたった一度会ったことがあるだけなのに自分の名前を覚えてくれていたことに感動して、「あの先生はすごい！」となったのです。

その女性議員は、仕事柄、人の名前を覚えるのが得意だったのかもしれません。しかし、**人の名前を覚える力は、自分の評価を高めるうえで大きな武器になる**ということは間違いありません。どんな仕事をしていても、相手の名前を覚える努力はすべきでしょう。

たとえば、名刺の持ち合わせがなくて名刺交換もできなかった相手の名前を覚えていたりしたら、もう完璧でしょう。相手を驚かすと同時に、その人の心をグッとつかめます。

ところで、私も学生の名前は早く覚えるようにしていました。私が学科長を務めていたブライダル学科には毎年、六〇～七〇人の学生が入学してきましたが、四月中には覚えるように努力していました。

四月は二年間に及ぶ学生との勝負のはじまりです。学生をよい方向に導くためには、いかに信頼関係を築けるかが鍵になります。そこで新学期スタート時に全身全霊を傾けて、絶対的な信頼を勝ち取る必要があるのです。

われわれが学生をチェックすると同時に、学生もわれわれのことをしっかりチェックしていますので、私が学生の名前をすべて覚える頃には、「先生、私たち全員の名前を覚えたんですね」と気づく学生が出てきます。

すると、学生の間で「鹿島先生、私たち全員の名前をもう覚えたらしいよ」と話題になり、学生たちの信頼を勝ち取ることになります。

名前を覚えるのは、学生たちのことを知りたい、学生のためにできることはなんでもしてあげたいという素直な気持ちからしていることなのですが、そのためには、学生一人ひとりに注意、興味、関心を向けて、一日でも早く、正確に名前を覚えられるよう必死になる必要がありました。

相手の名前をしっかり覚えるということは、その人に「また会いたい」と思ってもらうための絶対条件だと私は思っています。

相手を気にかける

「新人」には積極的に話しかける

前項に続きますが、誰でも、自分の名前を覚えてもらえばうれしいと感じます。それだけで、自分の価値を認めてもらえたような気持ちになれるからです。

また、自分を認めてくれた人には親しみを感じて、より相手のことを知りたいと思うようになるものです。

一度会った人の名前を覚えておいて、次に会ったとき、「○○さん」と呼びかけて挨拶ができれば、それだけで相手との関係をグッと近いものにできるでしょう。

私は若い頃、大手生命保険会社の受付業務をしていたことがあります。

当時、毎日二〇〇組、四〇〇～五〇〇人くらいの来客があり、一階の受付係、一一階の応接室の受付係、それにお茶を出す係の計一〇人ほどで対応していましたが、「相手に名乗らせない」ことが伝統になっていました。

たとえば、入口から受付まで、二〇～三〇メートルほどの距離があり、自動ドアが開いてお客様が入ってくると即座に立ってお迎えしますが、そのとき、机に貼ってある来客者の予定カードをパッと確認して、「○○会社の□□様、お待ち申し上げておりました」とお声がけするのです。

お客様から「ここは、いつ来ても名前を覚えてくれているからありがたいよね」とか、「よく私の名前がわかったね。ありがとう」などと言われると、うれしい気持ちになったものです。

受付業務の責任者を務めていた主任は、「我々は日本一の受付を目指します」とおっしゃっていましたが、たしかに先輩方は、もはやカードを見なくても相手のお名前がスラスラ出てくるほどでした。

それはとても大事なことで、「この会社はいつ来ても気持ちがいい」と思っていただけていたと思います。

でも、それは受付の仕事に限ったことではないでしょう。

どんな仕事でも、あるいはプライベートな関係でも、相手の名前をすぐに覚えられる人は、人の輪を広げ、人脈をつくるのがとても上手です。

一度しか会っていないのに「あっ、○○さん」と話しかけられると、それだけで、驚くと同時に、自分に敬意を払ってくれていると感じ、この人は信用できそうだと思えるのです。そう思ってもらうことがいかに大きな効果があるかは、あらためて言うまでもないでしょう。

そして人の名前は、努力すれば誰でも覚えられるものです。それだけにぜひ実践したいことの一つです。

また、私は学校では、**どちらかというと控えめな、こちらが努力しないとなかなか名前を覚えられない学生に意識的に声をかけるようにしていました。**

「先生、先生」と言ってくる学生は、こちらもすぐに覚えますし、放っておいても大丈夫なのです。もう関係づくりのための土台は築けていますから。

でも、**おとなしくて目立たない学生や、積極的に話しかけてこない学生の名前はなかなか覚えられず、関係づくりも後回しになってしまいがちです。**そしてこちらから声をかけないでいると、「たぶん、私のことなんて気にしていないんだ」とますます離れていってしまうのです。

だからこそ、そんな子の名前は意識して覚える必要があるのです。学生の名前を覚えて、名前で呼んであげれば、向こうからも寄ってきます。

それは一般の会社でも同じでしょう。**たとえば、新入社員が入ってきたとき、ちょっと目立たない、控えめな人の名前をしっかり覚え、「○○君」「△△さん」と積極的**

に声をかけてあげるのです。

すると、その新入社員は「この人は私のことを覚えてくれた」「この人は自分を気にかけてくれた」と思い、「この人の言うことを聞いてみよう」という気持ちが自然に湧いてきます。それが信頼関係を築くための第一歩になるのです。

そのとき、「自分の手下を増やそう」なんていう邪《よこしま》な心があってはいけないことは言うまでもありません。相手を尊重するという気持ちが何より大切だということを強調しておきたいと思います。

田中角栄の人心掌握術

相手から聞いたことを忘れない

「相手から聞いたことを忘れない」ということも、「また会いたい」と思ってもらえる人になれるかどうかの大切なポイントでしょう。

久しぶりにお会いした人から、名前で呼びかけられたうえに、**「前回お会いしたとき、こんなことをお話ししましたね」**と話しかけられると、「あぁ、覚えていてくださったんだ」と感謝の気持ちが湧いてきます。「なに話しましたっけ?」なんて言われたら、よほど親しい間柄でない限り、「軽く見られているな」と感じ、それ以上話す気も失せてしまいます。

名前を含め、「相手から聞いたことを覚えておくこと」の大切さを語るときによく引き合いに出されるのが田中角栄ですね。角栄さんは本当に多くの逸話を残していますが、なにしろ一度でも会った人の名前をしっかり覚えていたことで知られています。でも、そこにも角栄流のテクニックがあったようです。

角栄さんは、たとえば官僚や支持者と打ち合わせをしているときに、事務的な話は秘書に任せて、自分はひたすら相手の名刺と顔を見て名前を覚えることに専念していたそうです。だから、二度目に会ったときも、相手の名前がパッと出てくるし、名前で呼ばれたほうは驚くと同時に、「あぁ、角栄さんが自分の名前を覚えていてくれた」と感激して、角栄さんのために働くようになったというのです。

でも、さすがの角栄さんでも、どうしても相手の名前を思い出せないことがある。そんなときはさりげなく「君の名前はなんだっけね?」と聞いたそうです。

当然、聞かれた人は「鈴木です」とか「佐藤です」とか、ふつうは苗字を答えるでしょう。そこで角栄さんは、すかさず「違うよ、下の名前だよ」と聞き直し、「一郎です」という返事をもらって、「そうそう、一郎君だ。佐藤一郎君だったね」と会話を続けたのだとか。なるほど、人心掌握術に優れていた角栄さんのすごいテクニックです。

それに加えて、角栄さんがすごいところは、**会話の中で出てきた相手の奥様やお子さんの誕生日、ご両親の命日などの情報も大切にしていた**ことでしょう。

どんなに記憶力のいい人でも、さすがにそこまで記憶しておくことは不可能です。忘れてしまって当たり前です。「だからこそ」角栄さんは、そうした情報をこまめにメモに取り、整理しておき、そのメモをもとに、折を見てプレゼントを贈ったり、慶弔の品を贈ったりしていたそうです。

家族の誕生日にプレゼントを届けられたら、誰でも感激しますよね。これは、本人の名前を覚えているより、数倍効果的です。

そもそも、相手のプライベートなことは何度も聞くものではありません。失礼に当たりますし、やたらと詮索されるように感じる人もいるからです。

すると、そこまで神経質でなくても、「この前、話したのに。どうせ私の話なんてろくに聞いていないんだな。しょせんその程度の関係か」とか、「私のことを軽く見ているな。もうたぶんこの人と会うことはないだろうな」などと思う人もいるでしょう。

ですから、**「はじめて会ったときの会話を聞き流さない」**ということが大切です。

はじめて会った人の情報は、聞いたときにしっかりメモするクセをつけましょう。仕事の話はもちろんですが、プライベートな情報こそ書き留めておきましょう。

一〇〇のメモ書きのうち、実際に有効利用できる情報は、一つか二つかもしれません。でも、そういう努力を重ねることで、相手の心をガッチリとらえ、「また会いたい」と思ってもらえる人になれるのだと思います。

「親密度」の高め方

「名前」＋「挨拶」で伝える

私が教えていた学校の講師の中に、一九七〇年三月三一日に起きた「よど号ハイジャック事件」の舞台となった日本航空351便にCAとして搭乗していた方がいました。気品あふれる美しさに加えて、その方の「挨拶」がとても素敵でした。

その先生が、ニコッとしながら一言、響きのある明るい声で「おはようございます」とおっしゃるだけで、パッと周りが華やぎ、「あっ、先生がいらした」とその場の空気が変わってしまいます。そして、デスクワークをしていた教職員たちも思わず立ち上がって、ピンと背筋を伸ばし「おはようございます」と、しっかりとした挨拶をしたくなるのです。

その先生の素敵な挨拶を見ていつも感じていたのは、**「挨拶だけは空気を読まなくてもいい」**ということです。

たとえば「おはようございます」と言ったあと、「聞いてくださいよ。昨日、こうこうでね」などと独りよがりの話をされたら、「朝からうるさいな。空気を読めよ」となってしまいます。でも「おはようございます」の一言だけなら、どんなに大きな声で言われても、不快な気持ちになることはまずないでしょう。存在感を示すことができますし、そのあとの印象もよくなるものです。

ですから、空気を読むのは挨拶してからでいいのです。

学生たちが企業実習でブライダルの現場に出ることがありますが、そのときも挨拶の大切さは繰り返し伝えてきました。

披露宴会場は華やかな空間ですが、じつは準備の最中には罵声が飛び交っています。特に披露宴と披露宴の間のセッティング（〝どんでん〟と言います。〝どんでん返し〟のどんでんです）のときには、とにかく時間がありませんから、宴会場は戦場と化し、「何やってんだ！」とか「そんなこと、いちいち聞くな！」とか怒号が飛び交うことも珍しくありません。およそスマートなホテルマンらしからぬ声が響く現場に放り込まれた一八、一九歳の女子学生が立ちすくんでしまって当然でしょう。

ですから私は、実習前に学生に言い続けてきました。

「何を言われてもひるまずに、〝おはようございます〟と挨拶だけは大きな声でしっかりとなさい。そこは空気を読まなくていいから！」「できれば、○○さん、おはよ

うございます、○○マネージャー、おはようございますと名前をお呼びするように心がけて。そうすれば、必ず相手のほうから心を開いてくれるから」と。

実習での経験は貴重で、実習を通じて、学生たちは目を見張る成長を遂げ、立ち居振る舞いや雰囲気までガラリと変わり大人になって帰ってきます。私の言葉を信じて実践してくれた学生たちは、「先生から言われたとおりに名前を呼んでご挨拶したら、上司もすぐに私の名前を覚えてくれた」「ほとんど会話したことがなかったマネージャーから『元気がいいね、いつも』と言ってもらえた」など、挨拶の効果が絶大であることを痛感するようです。

そんな学生たちの姿を見ながら、私は自分が会社員だった頃のことを思い出しました。じつは、会社員時代、私には苦手な上司がいました。

「おはようございます！」とオフィスに入っていくと、みなさんは「おはよう」と返してくれるのですが、その方だけは返事をしてくれないのです。

私自身は、それこそ、さわやかに言っているつもりなのですが、その方にだけはいつも無視されていました。「嫌われているのかしら。全然、思い当たるところもないのに……」と、それがかなりストレスになっていました。

ところが、あるときオフィスに入っていくと、たまたまその方だけがいたので、なんの気なしに、「〇〇さん、おはようございます」と挨拶したら、「ああ、おはよう」という挨拶が返ってきました。

そのとき私は、「これだ！」と思いました。昔気質《むかしかたぎ》の頑固な方で、名前抜きの挨拶なんて挨拶じゃないと思っていらしたのか――と。

それから私は、その方にはちゃんと名前をつけてご挨拶するように心がけました。するとその方も、ちゃんと「おはよう」と返してくれるようになり、こちらの苦手意識も消えてしまいましたし、同時にストレスも感じなくなりました。

ですから、ちゃんと〇〇さんと名前をつけて挨拶するチャンスがあるときには、そうする習慣を身につけることをおすすめします。

それは、相手が若い人でも同じかもしれません。同僚やちょっと年上の上司でも、自分の名を呼んで挨拶されればうれしいでしょう。

また、まだ名前を覚えてもらえていないような新入社員でも、名前＋挨拶で伝える習慣があれば、「あの子、いい子だよね。なんていう名前だっけ？」ということになって、そこでまた新しいコミュニケーションを築くチャンスが生まれたりもするのではないでしょうか。

伝説のシェフの気配り

絶対、偉ぶらない

帝国ホテルには村上信夫さんという伝説的なシェフがいらっしゃいました。

帝国ホテルの総料理長を長年務め、帝国ホテルの専務取締役総料理長を務めたばかりか、黄綬褒章やフランスの農事功労章受章の栄に浴されるなど、まさに日本におけるフランス料理の先駆けとなった方で、たいへん尊敬され、「ムッシュ村上」の名で多くの人に親しまれました。

その村上さんは、**「帝国ホテルでいちばん頭を低く下げて挨拶をされる」**ということで有名でした。

しかも、お客様に対してだけではありません。新入社員に対しても、「○○さん、おはようございます」と挨拶なさるのです。

当然、新入社員はびっくりしてしまいますが、村上さんは、誰に対しても分けへだてなく、ご自分のほうから挨拶するし、お辞儀をする角度もいっしょでした。

また、帝国ホテルで司会者として働いていた主人は、村上さんにたいへんかわいがっていただいたので、プライベートでもお付き合いをさせていただき、村上さんをいろいろなところへお連れしたのですが、村上さんは、出された料理を絶対に残さないのです。何を出されても、どんなにお腹いっぱいでも、**「自分は、料理を残すほどの者ではない」**とおっしゃるのです。

本当は、「自分が料理を残したということで、その店の評判に傷をつけることになったら申し訳ない」とか、「『村上料理長が全部召し上がってくれた』ということが、少しでも店のお役に立つのであれば」という、そんなお気持ちからだったのですが、とにかく「ご無理なさらずに」と言っても、村上さんが料理を食べ残すことは、一度としてありませんでした。

村上さんは、帝国ホテルの総料理長としてだけではなく、一九六四年の東京オリンピックのときには、「女子選手村」の料理長として三〇〇人以上のコックのリーダーを務めるなど、さまざまなところで活躍なさいましたが、人の上に立ってもけっして偉ぶることなく、まさに料理人としての生涯を全うされたのです。

村上さんは、二〇〇五年八月二日に千葉県松戸市のご自宅で、心不全で亡くなりました。享年八四歳。本当にすばらしい方でした。

「褒められ上手」になるコツ

「喜び」は大きく表現する

基本的に、褒められて不快になる人はいません。たとえば、どんなに気難しく見え、褒め言葉にまったく無反応な上司でも、じつは内心ではまんざらでもない気持ちになっているものです。

ですから、人のいいところは、どんどん褒めるべきなのです。

褒めるほうは、なんの理由もなく褒めるわけではありません。当然、相手が喜んでくれることを期待して褒めます。自分が発した褒め言葉に相手が喜びのリアクションをしてくれると自分もうれしくなる。つまり、**相手が喜んでくれることが、褒めるという行為の対価となっているの**です。ですから、褒められたら素直に喜びを表現するべきでしょう。そのほうが、コミュニケーションも取りやすくなるはずです。

実際、そういう視点から周りの人間関係を観察すると、喜びの表現が豊かな人ほど、周りの人に溶け込むのも、周りの人の信頼を得るのも早いのに気づきます。それは、

喜びの表現が豊かな人は、それだけ「また会いたい」とか「またいっしょに仕事をしたい」と思わせるオーラを放っているからです。

「素敵ですね」と褒められたときに、「ああ、うれしい！」とか「ありがとうございます！」などと、素直にリアクションができれば、あなたの株はもっと上がるはずです。

一般的に、日本人は、遠慮というか、謙遜することを美徳としています。たとえば、仕事で褒められても、「いやいや、そんなことないです」とか、「いやいや、私は何もしていません」とか言いがちです。

でも、せっかく褒めていただいたのですから、「ありがとうございます。これも○○さんのおかげです！」と返せばいいのです。**素直な喜びの表現とともに謙虚な姿勢も伝える。**それが大切です。

プライベートでも仕事の場でも、何を言ってもリアクションがなくて、何を考えているのかわからない人はいちばん付き合いづらいものです。

それより、意見の衝突があったり、解決しなければならない問題が多かったりする相手とのほうが、結果的に長く親密な関係を築けるものです。お互いが求めるものをはっきりさせ、それに応えようと努力するので、深い人間関係が築けるのです。

人間関係は「お互い様」

「助けて」と言える人になる

「自分一人では何もできない」ということは、誰でもわかっているでしょう。ただ、頭の中では理解していても、見栄やプライドが邪魔をして、素直に「助けてください」と言えない人がけっこういるようです。

でも、考えてみてください。

あなたは誰かに「助けてください」と言われてイヤな気分になりますか？

たしかに「ちょっと面倒だな」と瞬間的に思うかもしれません。でも、たいていの人は「自分は頼られているんだな」とか「よし、なんとかしてあげよう」と感じるはずです。

たとえば、後輩から「助けてください」と言われれば、その人をかわいいと思うでしょうし、先輩から何か頼まれれば、「自分を認めてくれたんだ。この人のために何かしてあげよう」と思うでしょう。

あなたの周りの先輩や後輩だって同じです。

困ったことや、迷うことがあったら、余計な見栄とかプライドなんて捨てて、素直に相談し、必要なら「助けてください」とSOSを発信すればいいのです。きっと、手助けしたり、アドバイスしたりしてくれるはずです。

しかし、自分一人の力でなんとかしようと無理をして、SOSを出さないままに右往左往していたら、逆に「あの人は何を考えているのかわからない」とか、「つかみどころがない」と見られるだけですし、その結果、会社に大きな損害を与えてしまったら取り返しがつきません。

本人は、「たいへんな状況になった。でも周りに迷惑をかけたくない。なんとか自分で解決したい」と思うあまり、「助けて」と言えずにいたのかもしれませんが、**「助けて」を受け止めるほうは、じつはたいして負担に感じないというケースがほとんど**です。

たとえば、ブライダルの現場では、何より連係プレイが重視されるので、助けたり、助けられたりが、日常的に繰り広げられています。

ある披露宴でこんなことがありました。

その日のプログラムは通常と違い、お色直しの前にゲストから祝辞をいただくことになっていました。新郎新婦をエスコートする役目のキャプテンは、そのことを忘れてしまい、新郎新婦をお色直しへ案内しかけてしまったのです。

私は、間髪を容れずに、「それではお色直しの前に、今お一人方、ご祝辞をいただきましょう」と言って即座にフォローしました。

それを聞いたキャプテンは、「そうだ、今日はお色直しの前に祝辞があるんだ」と気づいて、すぐにエスコートを中断。スタッフ一同、胸をなでおろしました。

ブライダルの現場は常に流動的で、まったく同じ結婚式は一つとしてありません。それでもなんとか滞りなく式を進行し、無事にお開きにすることができるのは、ミスが小さなうちに現場のスタッフがお互いにフォローし合っているからです。

それはちょっとした〝貸し借り〟と言ってもいいでしょう。

あのとき、私のミスをみんなでフォローしてくれた。だから今回、あなたのミスをフォローするのは当たり前。みんなで助け合ってがんばりましょう。

そんなチームになってこそ、安心感と自信、そして誇りを持って仕事ができるのだと思います。

ここだけの話ですが、司会者の中には、自分のミスを絶対に認めようとしない人、常に上から目線でものを言うような人がいないわけではありません。「司会者はブライダルの現場の頂点に立つ存在だ」と勘違いして偉そうにしている人もいます。

そういう司会者は、やはり現場の評判はよくないですし、何かあったときには誰からも助けてもらえません。どんな職場でも、周りの仲間といっしょにやっているのだという謙虚な姿勢を示すことが大事です。それはベテランであろうと同じです。

その姿勢を具体的に示すのが、「助けてください」という言葉でしょう。

責任ある立場の人こそ、「助けてください」という気持ちで、同僚や部下に接することが大切です。**「みんなお互い様だ」という意識を持っている人の周りには、自然と人が集まってくる**ように思います。

“お願いテクニック”を学ぶ

「甘え上手」になる

前項で、何か困ったことや迷うことがあったら「助けてください」とSOSを発信することが大切だと言いました。ただし、事あるごとに周囲に助けを求めるような人には安心して仕事を任せることはできないですし、チームの足を引っ張る元凶になってしまいかねません。

だからこそ、「あの人に頼んでも結局、一人ではやりきれない。面倒だから、あの人抜きでやったほうが楽だ」なんて思われることを恐れ、その結果、一人で抱え込んでしまい、抜き差しならぬ状況をつくってしまう——。

一方、甘え上手と言うか、お願いが上手な人もいます。職責を果たすという意味では、お願いすることに抵抗を感じる人もいるかもしれませんが、**時と場合によっては**“**お願いテクニック**”**を学び、駆使してもいい**のではないでしょうか。それが結果的に、問題解決につながり、大きな事故を防ぐことになります。

人にお願いするときには、仮にたいへんな状況になっていたとしても、それを正直に話したうえで、**「○○さんにしかお願いできないんです」**とか、**「お力をお貸しいただけませんでしょうか」**と、ちゃんと口にして心からお願いすることです。

そして、その後の事態の途中経過の報告も忘れないようにする。「アドバイスしていただいたおかげで、このように状況が改善しました」と。

もちろん、問題が解決したときには、必ずお礼を言わなければなりません。頼むときだけ低姿勢で、うまくいきはじめたら、一人で成功させたような顔をするのでは、二度と助けてもらえません。**たとえ無理なお願いをしても礼を失することがなければ、「また何かあったら助けてやろう」と思っていただけるものです。**

また、人には得手不得手があります。たとえばパソコンを使い慣れない人が、一日かかって作成する資料も、得意な人は一～二時間で作成してしまったり。逆に、パソコン技術を持っている人でも、プレゼンテーションの原稿を作成するのは苦手だったり。そんなときは、お互い助け合えばいいのです。持ちつ持たれつです。

同僚であれ、上司と部下の関係であれ、ときには、「この仕事、助けてもらえるかな。その代わりこれは私が引き受けるから」と言い合える。そんな人間関係を築いておくと、自分自身を追い込んでしまうことも少なくなるのではないでしょうか。

スポーツニュースのチェックのすすめ

多方面にアンテナを立てる

多彩な趣味を持っている人と出会うと、ちょっとうらやましくなってしまいます。そんな人は、教養があって、話題も豊富で、会話をしていてもやはり楽しいですし、好奇心旺盛だから仕事ができますし、人としての魅力を感じます。

かく言う私は、じつはあまり趣味らしい趣味を持っていません。

でも、人と話を合わせなければいけない職業なので、スポーツなどは機会をとらえて見るようにしていますし、流行にもなるべく敏感でいられるように、若い人に合わせてスイーツのお店などをチェックしたりして、多方面にアンテナを立てる努力はしているつもりです。

特に、男性にはスポーツが好きな人がたいへん多いので、男性と話を合わせるために、野球やサッカー、あるいはゴルフなど、ちょっと話がわかる程度の知識を得ておくようにしています。本格的に勉強したり、実際に自分でしたりはしませんが、どんな分野のことでもちょっとかじっておくように心がけています。

そうすれば、**「あまり詳しくないんですけど、こういうことですか？　教えてください」と聞くことができ、会話を広げていくことができる**のです。

私が残念に思うのは、最近の若い人は、自分の興味があること以外にはあまりにも無関心だということです。その興味の対象も、周りの仲間が話題にすることばかりで、ニュースも見ないし、本も読まない人もいるようです。生きている世界がとても狭くなっているような気がします。

でもそれでは、人間の幅を広げていくことなんてできません。いろいろな方と接して、いろいろな価値観を学んだり、新しい知識を身につけたりするためには、どうしても話のきっかけが必要です。何を言われても「私、わかんない」「私、よく知らない」では、そのきっかけさえもつかめないでしょう。

ですから私は、若い人にふつうのニュースが難しかったらスポーツニュースだけでいいから見るようにしてみたら？　とすすめています。野球、サッカー、ゴルフ――なにか話題になっている大会があったり、選手がいたりすれば、その情報を手入しておくのです。

多趣味とまでいかなくても、多方面にアンテナを立てておくのが大事だと思います。

「応援される人」の共通点

夢や目標を公言しておく

チャンスをつかむには、自分のやりたいことを見定めて、そこに向かってまっしぐらに突き進むことが大切です。

たとえば、今、ウェディングプランナーという仕事はとても人気がありますが、大人の対応が求められる職種だけに、採用されるのは大卒がほとんどで、専門学校卒はなかなか採用されません。

そのため、専門学校の卒業生がウェディングプランナーになりたければ、少し遠回りになりますが、まずはサービス部門の仕事からはじめて経験を積み、上を目指すというのが一般的な形です。

ですから私は、専門学校の学生たちに、こう言い聞かせていました。

「ウェディングプランナーになりたいなら、その目標を周りの人にどんどん伝えなさい。その代わり、今、与えられる仕事は絶対に愚痴をこぼさず、完全にこなしなさい。

自分はこんな仕事するためにここに来たんじゃないなんて、口が裂けても言ってはいけません。とにかく与えられた仕事はちゃんとやりなさい。そして、ゆくゆくはウェディングプランナーになりたいと、言い続けなさい」と。

言い続けることはけっして無駄ではありません。

それを聞いている人が必ずいます。

ウェディングプランナーになりたいと言っていたある卒業生は、ホテルに採用されたもののハウスキーピングの部署に配属されました。

彼女は卒業後も学校に顔を出しては、「アラブの王様がバスタブをトイレに使って片づけるのがたいへんだった。私、そんなことをやるために入ったんじゃないのに」なんて溜息をついていました。私はそのたびに「あなたらしく笑顔でがんばって!」と励ましていたものです。

それから一年くらいたったある日、彼女はある男性社員とエレベーターに乗り合わせたそうです。彼女はその男性が同じホテルの社員であることは知っていたものの、どんな立場の人かまでは知りませんでした。

その人が「君はいつも笑顔だね。どこに配属されているの?」と聞いてきたというのです。彼女が「宿泊です」と答えると、「宿泊か。じゃあ、ハウスキーピングなんだ。

ずっとハウスキーピングをやりたいの？」と重ねて聞いてきたそうです。

そのとき、彼女は正直に答えました。

「今、とてもよくしていただいています。でも、じつはウェディングプランナーになりたいんです。それが夢なんです」と。

その人は「ああ、そうなんだね」と言って、そのままエレベーターを降りていったそうです。

それから一カ月後、彼女はそのときの会話などすっかり忘れていたのですが、なんとウェディングプランナーに抜擢されたのです。

じつは、エレベーターの中で彼女に話しかけてきた男性はウェディング部門の責任者だったのです。そして、彼女と話をして「いい子がいるじゃないか」と思っていたところに、たまたまあるウェディングプランナーが産休に入ることになり、彼女にチャンスを与えてみることにしたというのです。

私がこの話を学生たちにすると、みんな、「そんなことって、ある？」と言いますが、本当にあった話です。

また、こんな例もありました。やはりウェディングプランナーになることを夢見ている教え子が、無事に希望するホテルから内定をもらうことができました。

しかし残念ながら、内定後、人事の方から私のもとへ「当分ウェディング部への配属はありません。彼女は大丈夫でしょうか?」との連絡が入りました。つまり、彼女のウェディングプランナーになりたいという夢はいったん棚上げされたわけです。

そのとき私は、ためらいなく「大丈夫です。うちの学生にはどんな部署でも全力でがんばるように言っていますから」と答えました。

本当は内心、彼女がモチベーションを保ちつつ我慢できるかどうか、不安な気持ちがなかったと言えば嘘になります。

そして、迎えた四月、配属発表の日。フタを開けてみたら、彼女はなんとウェディング部に配属になり、ウェディングプランナーへの道を歩みはじめることになったのです。

後日、聞いた話では、内定者懇親会のときに彼女の隣に居合わせた方が、たまたまウェディング部門のマネージャーで、彼女の気の利いた言動を見ていたそうなのです。また、彼女のにこやかな笑顔は、周りにいた幹部たちの間でも評判になるほど好印象を与えていたのだそうです。

その結果、「この子だったら、いいプランナーになれる可能性がある」「育ててみよう」ということになり、ウェディング部への配属が決まったらしいのです。

自分の目標を言い続けること。

そして人が見ている見ていないにかかわらず、努力を惜しまないこと。

それが、運をつかむために大切なことです。

信念を持って迷わず突き進む力を持っている人の周りには、必ず見てくれている人、認めてくれる人がいます。

なぜなら、輝いているからです。プラスのオーラを放っているからです。

太っ腹になる秘訣

小さなことなど気にしない

細かいことをやたら気にする人がいます。

そんな人といると、なんだか疲れてしまいますし、自分がいる世界が狭くなるような気がしてきます。

それに対して、細かいことなんて気にしない楽観的な人といると、こちらまで気持ちが大きくなってきます。

だから、「細かいこと」を気にしない人には、ついつい「また会いたい」と思ってしまうものです。

私がお酒の席でよくごいっしょする目上の方に、「まあ、しょうがない」という言葉が口ぐせの方がいます。

たとえば、誰かが、ちょっとした悩みを口にしたり、愚痴を言ったりすると、「まあしょうがない。ハハハ」とおっしゃるのです。

重い雰囲気に包まれそうになっていた場がその一言で一変し、気がつけばそこにいるみんなで、「そうだよ、まあ、しょうがないよ。ハハハ」と、笑って飲み直したりしています。**私も、その方の「まあ、しょうがない」に何度救われたことか。**

そもそも、細かいことをやたら気にする人は、物事を前に前に進めるのが苦手なようです。

「あれはどうしよう。これはどうすればいいんだろう」と、オロオロしたり、「ああすればよかった。こうすればよかった」とクヨクヨしたりしているだけで、何も行動に移せない人が多いような気がします。

あるいは何をするにしても、「その結果、こんなことが起きたらどうする」などと細かいことを掘り下げるばかりで、結果的に物事がちっとも進んでいかないのです。

当然、慎重さは必要ですし、危機管理も大切ですが、細かいことばかり気にしていては何もできません。そんな人についていきたいと思う人は、あまりいないのではないでしょうか。

細かい点を掘り下げて前に進まない人よりも、あまり細かいところにはこだわらず、物事を大局的に見て、進めていく人のほうが頼りになります。特に人の上に立つ人はそうでしょう。

大勢に影響ないと思うことは「いいんじゃないの」と流せる人には、安心感を覚えますし、ひいては、人のミスを見ても見ぬふりができるような度量の大きさを感じます。

そんな太っ腹な人間になりたいと思いませんか?

ただし、細やかであるのと、細かいのとは違います。細やかというのは相手に対する気配りができるということです。

私が「また会いたい」と思うような人は、不思議と、細かいことは気にしない大胆さと、細やかな気配りを忘れない繊細さを兼ね備えている人が多いように思います。

あなたが「また会いたい」と思うような人は、どうでしょうか。

教養人の魅力

たくさんの本を読む

幅広い知識がある人って、素敵ですよね。

人間的にも余裕があるというか、ゆとりがあるというか、人としての大きさを感じます。

私が高校時代に個人的に英語を教えていただいた先生がいます。

その方は父の高校時代の恩師なのですが、かつて外交官をされていて、私が教わったときには、もう六〇代後半くらいになっていらっしゃいました。

本当に博識で、こういう大人になりたいと思ったものです。

なにしろ、この方は何かに対して怒ることがあるのだろうかと思うほどいつも穏やかで、紳士で、あらゆることに卓越していて、人生を達観していらっしゃいました。

その一方で、私のする他愛のない話も面白がって聞いてくださるのです。ふところの深さや人としての広がりを感じ、自然に尊敬の念が湧いてきたものです。

そういう意味では、英語の勉強に行っていたのですが、本当にいろいろな世界のことを教えていただいたように思います。

今にして思えば、戦前から外交官をしていらしたのですから、それこそ、戦争も戦後も体験なさっています。激動の時代を生き抜いてきたわけですから、机の上で学んだような理屈だけではなく、実学としての本当の教養を身につけていらしたのだと思います。

今、そんな大人がどんどん減っているような気がします。

自分の専門分野についてはよく知っているし、勉強もすごくしているのですが、それ以外の世界のことは軽視して、興味も示さないし、価値も認めない――。

若い人だけでなく、ある程度の年齢の大人でもバランス感覚を持った人が少ないように思います。

知らないことがたくさんある私も、少しでも教養を身につけたいと日々感じています。

知識欲を満たすためには、まずは本をたくさん読む。それに尽きるのではないでしょうか。

「アサーティブ」とは

誠実に、でも対等に接する

最近の若い人は〝浮くこと〟を避ける傾向が強いと感じます。しかし、どこかで〝毅然とした自分〟を出していかなければ、信頼されることもなければ、責任ある地位に就くこともできないでしょう。

そこで紹介したいのが、「アサーティブ」というコミュニケーションの方法論です。これは、ウェディングプランナーなどのテキストにも出てくるものですが、一九五〇年代からさまざまな分野でコミュニケーションのトレーニング法として広く取り入れられています。

アサーティブ（Assertive）は「自己主張すること」と訳されますが、ここで言う自己主張とは、なんらかの問題解決を目指すにあたって、とにかく相手を攻撃して、何がなんでも自分の理屈を押し通そうとすることではありません。

アサーティブな態度とは、自分のことも大切に考えるが、同じように相手を大切に

できる態度で、「率直」「誠実」「対等」「自己責任」を根底に置いたものとされています。

たとえばウェディングプランナーの場合、お客様から披露宴の中で参加者一人ひとりとの記念撮影を希望されても、限られた時間内にそれを実現するのは不可能です。とはいえ、頭から「それは無理です」と言ってしまったら、話は進みません。

お客様にとっては、結婚式は一生に一度の大切なセレモニーです。いろいろと希望を持たれるのは当然です。そんなお客様の気持ちになって、お客様の希望をできるだけ叶えるべく、「お気持ちはわかります。お時間が限られておりますので、たとえばこういう方法を取ってはいかがでしょうか？」と、次善のプランを示して誠意を持って説得する姿勢が求められます。

自分の仕事や立場を大切にしつつ、同じように相手の気持ちや立場も大切にして、共に問題の解決に向かおうとする。このアサーティブな態度を身につけた人は、相手に対して自らの自信と、説得力のある心の豊かさを印象づけることができ、両者の間に、納得と理解に基づいた発展的、継続的なコミュニケーションを築けるとされています。

それに対して、お客様の言うままにプランを立てるようなプランナーの行動は、**「ノ**

ン・アサーティブ」(パッシブ)と言います。そんな人は、たしかにプランニングの場は無難に乗り切れます。

しかし、実際に式を行なったらたいへんなことになります。とても二時間半の披露宴の時間に収まりきらず、あわただしい進行になってしまい、せっかくの式を台無しにしてしまうことになるでしょう。

つまり、毅然と自己主張することができず、選択と決断を相手に任せてしまい、結果、責任のある決定がまったく下せないタイプが「ノン・アサーティブ」です。当然、そんな人が信頼されることなどないでしょう。

相手を尊重することは大切ですが、逆に相手を不安に陥れたり、この人は自分の思いどおりになると思わせたり、相手をますます尊大にさせてしまいかねません。

もう一つ、「アグレッシブ」と呼ばれるタイプがあります。このタイプの人は、何より自分の立場を最優先にするのが特徴です。

ウエディングプランナーの例で言えば、たとえば、参加者一人ひとりとの記念撮影をしたら、時間が足りなくなるのがわかっているので、「それは無理です」の一言で押し切るタイプです。そういう人は、人に寄り添うことができず、往々にして相手を言い負かそうとして、相手に徹底的に嫌われることになりがちです。

言うまでもなく、「ノン・アサーティブ」も「アグレッシブ」も、ウェディングプランナーとしては不適格です。

そして、アサーティブな態度が求められるのは、ウェディングプランナーに代表される接客業の現場だけではありません。人と人とが共に働くことが前提となっている現代社会ではあらゆるシーンで必要とされています。

たとえば、どんな職種や職場であれ、部下を使う立場にある人は、自分自身（あるいは担当部署）の目標を達成することが求められます。

そのためには、部下を育成しつつ、部下の自己実現を助け、部下が仕事をしやすいように配慮した行動が求められます。そのとき必要なのが「アサーティブ」です。

世の中は結果がすべてと言いますが、じつは結果はプロセスの最後に過ぎないとも言われます。そのプロセスをうまくマネジメントするには、人の気持ちを上手にコントロールすることが欠かせません。

そしてそのためには、**相手に対して、率直に、誠実に、対等に接する「アサーティブな態度」が不可欠**なのです。

プラスのオーラの放ち方

自信を強く持つ

自信を持っている人は魅力的です。

自分に確固たる自信を持っている人。

自分が信じた道をしっかり歩み、努力している人。

他人に左右されず、ぶれない人。

そういう人は、周囲にプラスのオーラを放っています。

ただし、「過信」と「自信」は違うということを知っていなければなりません。

ときどきなんの根拠もなく「私に黙ってついてこい！」と言っている人がいますが、こんな人には誰もついていきません。

また自慢話ばかりする人、人の意見も聞かずに自己主張ばかりしている人は、周囲の人から嫌われるばかりです。

やはり、**人の意見もしっかり聞きつつ、確固たる自分の信念を示せてこそ、周囲の**

人を安心させ、「この人についていこう」と思わせることができるのです。

二〇一六年に単独無寄港無補給世界一周ヨットレース「ヴァンデ・グローブ」に参加した海洋冒険家の白石康次郎さんも、確固たる自信を感じさせる生き方をしている方です。

彼は、一九九四年にヨットによる単独世界一周にはじめて成功して以来、これまでに三回、世界一周に成功していますが、「ヴァンデ・グローブ」は約八〇日間をかけて、たった一人で、しかも無寄港無補給で世界を一周し、その速さを競うという超過酷なレースです。

白石さんはそのレースに日本人としてはじめて挑戦したのです。

残念ながら、二〇一六年の挑戦は、嵐でマストが折れ、途中でリタイアすることになりましたが、彼はホームページにこう書いています。

「本来の目標は初参戦・初完走でしたが、残念ながらリタイアする結果になりました。

当初は起こった出来事を受け入れがたく、悔しさいっぱいになりましたがそれを受け止めて、乗り越え、再チャレンジをすることを決めました。

その瞬間から私は『敗者』から『挑戦者』に変わりました。この体験を子供たちと共有することで、彼らに居心地のいい今の自分の殻を破って、一歩踏み出す勇気を持ってもらえればうれしい限りです」

そんな彼の次の挑戦に向けて多くの人が支援の手をさしのべ、応援しました。結果、二〇二〇年一一月八日にスタートした「ヴァンデ・グローブ」では序盤にメインセールが破れるトラブルに見舞われるも、二〇二一年二月一一日にみごと完走。アジア人初の快挙を成し遂げています。

やはり自分に確固たる自信を持っている人、目的意識がある人、そして、その目的に向かって努力している人は、多くの人の心を惹きつけるのです。

5章

ここで「信頼される」

――「人」も「チャンス」もどんどん引き寄せる秘訣

人生で大事な一言

「ごめんなさい」と言う勇気を持つ

私は専門学校で一四年間にわたって学生たちを教えてきました。ほとんどの学生とはうまく関係をつくることができ、みんな「先生、ありがとうございました」と笑顔で卒業していってくれました。

でもごくまれに、どうしてもうまく関係をつくれない学生がいます。ちょっとした誤解から、私への反抗心をむき出しにしてくる学生もいるのです。

ある年の三月に卒業した学生の中にもそんな子がいました。

彼女は、リーダーシップはあるものの自己主張が強く、他人の意見を尊重するのが苦手なタイプでした。

学科長だった私はどうにかその学生のよさを活かしたいと思っていましたが、指導のしかたに迷うところがあり、また、直接の担任ではなかったこともあって、お互いにコミュニケーションをうまく取れない関係のまま時が過ぎていきました。

そして迎えた帝国ホテルでの卒業式の日……。

式も終わって「さあ、これで忘れ物ないかしら」と思って後ろを振り向いたとき、袴姿のその学生が目に飛び込んできたのです。そのとき私は、何も考えずにとっさにその学生の名前を呼んでいました。すると、彼女がなりふりかまわず駆け寄ってきて、「先生、ごめんなさい」と泣きじゃくったのです。

私は思わず彼女を力いっぱい抱きしめていました。

お互いの心が通じた瞬間でした。

彼女はなんの言い訳もしませんし、私も余計なことは言いませんでした。けれど、私はその「ごめんなさい」というたった一言で、「もうすべてがＯＫだ」と思えました。そして「きっと、この子とは一生付き合える。また会いたい」と感じたのです。

長い間、私が悩んでいたように、彼女も思い悩んでいたことでしょう。でも、彼女が素直に「ごめんなさい」と言ってくれたことで、私は彼女と「また会いたい」と思える関係を築けたのです。

抱き合っている私とその学生の周りに、仲間も集まってきました。

「ごめんなさい」というたった一言を口にするだけで人間関係は大きく変わっていく。

それをみんなも感じてくれたと思います。

10分前到着を習慣に

絶対、人を待たせない

たとえば相手の会社を訪問するとき、一〇時のお約束でしたら、その一〇分前くらいには到着して、必ず五分前には受付に顔を出してスタンバイするよう心がけるのが当然のことだと思います。

特にはじめて訪問する場合には、一度場所を確認してちょっとお茶する時間があるくらいの余裕を持つべきですし、女性でしたら、お化粧室に行く時間を見越して早めに到着するようにしましょう。時間ギリギリにあわてて行ったりすると、精神的にも焦りが生じますから、ちょっと心に余裕を持たせることが大事なのです。

就職面接に出かける学生にそんな話をすると、学生たちは、「だって先生、ネットがあるんだから大丈夫。ググるから」と言います。

たしかにグーグルの地図機能は便利ですし、頼りになります。でも過信は禁物です。実際に行ってみると、駅からけっこう歩かなければならなかったり、細かい路地で迷ったりすることもありますから、ちゃんと場所を確認するだけの時間を確保すべきなのです。

言うまでもありませんが、ビジネスシーンで時間に遅れるのは絶対NGです。「お待たせしました」というお詫びから入らなければならないのは、ビジネス上、明らかにマイナスです。特に厳しい交渉事のある場合、お互いのスタンスにも微妙な影響を与えかねません。ただし早く行きすぎても相手の都合があるので、前述したように五〜一〇分くらい前に着くように心がけます。

一方、個人宅を訪問する場合は、二〜三分遅れてうかがうのがいいとされています。なぜなら、もてなす側は、どんなに一生懸命準備をしていても、けっこうぎりぎりまで何かをしていたりするので、早めに着くよりは、ちょっと遅れて行くのが相手への気遣いであり、マナーだとされているからです。

また、目上の方や上司と待ち合わせるときにも、ギリギリに行くのは避けたほうがいいでしょう。**目上の方や上司にしてみれば、自分が先に着いたことにより、相手がたとえ時間どおりに到着しても、待たされたという感覚になります。**一分でも先に着いてお待ちする姿勢が大切です。このようなちょっとした気遣いが、目上の方からかわいがってもらえるコツでもあります。

相手を本当に思うなら――

人の悲しみに共感してあげる

人は自分の悲しみに共感してくれる人には、また会いたくなるものです。

私もそのことを、三〇歳で母を亡くしたときに身をもって体験しました。母が亡くなったとき、急なことでしたので、私はひどく動揺してしまいました。が、そのとき駆けつけてくれた方たちのことは今でもよく覚えています。言葉を交わさなくてもお顔を拝見しただけで胸がいっぱいになりましたし、力づけられました。

だから、**誰かがたいへんなときには、どんなに忙しくても、状況が許す限りは、その人のそばに行って寄り添う**というのが、誠実な接し方だと思います。

よく、**「結婚式に出なくても葬儀には出なさい」**と言われます。

結婚式などのおめでたい席は楽しいですから、積極的に出席しますが、お葬式のような悲しみの場にはなかなか足が向かないものです。

でも、本当に相手のことを思うなら、必要とされているのは、悲しいときではないでしょうか。

病気になったときのお見舞いも大切だと思います。

私自身は今まで入院したことがないのですが、主人の入院はもう何度も経験しています。主人は本当に危険な状態に陥ったこともありますが、そんなとき、人が駆けつけてきてくれるのはうれしいものでした。本人はもちろん、付き添っている私たち家族まで勇気づけられました。

病院のベッドの上にいると気持ちが滅入り、弱気になってしまうものです。主人は、知り合いや友人の顔を見ることで気持ちが明るくなり、「この人とまたいっしょに仕事をするためによくなろう」「この仲間とまた旅行に出かけるためにも、がんばろう」といった活力が湧いてきたようです。そして、そんな思いは歳を重ねれば重ねるほど大きくなるものかもしれません。

女性の場合には、苦しんでいる姿を人には見せたくないという人もいますので、配慮が必要です。

ただし入院したことを知らせてくれるくらいの仲でしたら、余計なことは考えずに、お見舞いに行くべきではないでしょうか。長居をする必要はないですし、顔を見せるだけで相手を思う気持ちは伝わると思います。

また、入院していることを人づてに聞き、お見舞いに行っていいのか迷うことがあります。

そんなときは、まずご家族に連絡をして様子をうかがい、お手紙を添えたお見舞いの品をお送りすればいいでしょう。

とにかくなんらかのアクションは起こすべきです。相手が遠慮するからと何もしないでいては、心配している気持ちは伝わりません。

指導者の役割

失敗談を部下や後輩にどんどん話す

人は誰でも失敗します。私自身、もう何組も結婚式の司会をし、ベテランと呼ばれる年齢になっていますが、それでも失敗することはあります。

こんなことがありました。ある人前式で、エンディングが近くになったとき、ふと花嫁さんを見たら、ベールが下がったままになっていたのです。本当なら、「ウェディングキス」のときにベールを上げていたはずなのに……。

そう、**司会者の私が、こともあろうに「ウェディングキス」を飛ばしてしまっていたのです!** 列席者の中にも「あれっ」と思っていた人がいたようで、式場にざわめきが起きました。

そのときにはさすがに焦りましたが、「順番がどうであれプログラムをこなしたという事実を残すにはもうここしかない!」と思って、式も整い、その後退場という間際に、「皆様のお力添えを賜りまして、お二人の結婚式、滞りなく整いました。では晴れてご夫婦になったお二人、皆様の前で誓いのキスを」と持っていきました。するとゲストの方々から「ここでキスとは！」と声が上がり、新婦も「おー！鹿島さん、アメージング！」と言ってくれたのです。

本当なら、「どうしてくれるんだ！」とクレームをつけられかねない〝大事故〟になるところでしたが、花嫁さんが帰国子女でアメリカナイズされていた方であり、ゲストもそのような方が多かったおかげで救われました。

当然、式が整ってすぐに、スタッフにも自分のミスを謝りましたが、映像担当のスタッフが結婚式ムービーのエンドロールのラストシーンをウェディングキスにして素敵に見える演出にしてくれたことも幸いし、結果オーライで締めくくることができました。

結婚式では、祝電を読んだ、読まなかったが大きな問題になることもあります。祝電は基本的に結婚式に出席しない人が送ってくるものですが、その人の関係者が出席していたり、本人に代わって電報を打った人が出席していたりして、どうして読まないんだとクレームがつくこともあります。

逆に、新郎新婦が、読まなくてもいいと判断する祝電もありますから、どの祝電をどんな順番で読むか、あるいは読まないかを必ず新郎新婦に確認することが必要です。

司会者の独断では決められないことなのです。

それだけに事前の打ち合わせやチェックがいかに大切かということです。

また、大きな式場ですと、同じ日に何組もの式が同時に行なわれることがあります。たとえば、新郎家の苗字あるいは新婦家の苗字がいっしょの結婚式が、同じ時間に進行するようなことはざらにありますし、ごくまれですが、両家共に同じ苗字という場合もあり得ます。そんなときにこそ、祝電を取り違えたりするなどの失敗が起きることがあるのです。

私は、後輩にそんな失敗談もどんどん話すようにしています。それが彼らのためにもなりますし、誰しも失敗を繰り返しながら成長するということをわかってほしいからです。

とにかく、何か失敗したときには、気づいた段階ですぐに対処することが大切。特に、結婚披露宴の場合は、司会者が、もしもゲストの名前を間違えて紹介してしまったなら、その場でお詫びをして訂正することが基本です。

間違えてしまったことにあとで気づき、お客様のところへお詫びに行くと、たいていのお客様は、「いいですよ」と言ってくださいます。でもその言葉に甘えて、マイクを通してお詫びと訂正を入れることを怠ると、たいへんなことになります。新郎新婦にも恥をかかせてしまうことになりますし、披露宴は一度きりですから、訂正する場は二度とないのです。

これは披露宴の場だけではなく、一般のビジネスシーンでも言えることではないでしょうか。失敗をしたら、できるだけ早く、ごまかさずにお詫びして訂正し、相手のことを考えて、最善を尽くすこと。また、失敗したとしても、それをフォローしてもらえるような関係を周囲の人と築いておくことも大切です。

そもそも「教える」ということは、自分の失敗の積み重ねをオープンにしていくことによって、後進が同じ失敗をしないように伝授すること。そういう意味では、さんざん失敗を重ねてきた人の話のほうがためになります。

一歩一歩苦労してきた人の話のほうがより具体的で役に立つし、重みもあります。失敗談を正直に、ときにはおもしろおかしく語れる人は、「あの人の言っていることは本当に自分のためになる。また会って話を聞きたいな」と思われます。

あなたの「失敗談」は、必ず誰かの役に立ちます。

大人になるとはこういうこと

「自立した人」になる

「多様性」への理解が叫ばれているいまこそ、自立して生きていきたいものです。

もちろん、仕事をして経済的に自立するということも大切ですが、いちばん大切なのは、精神的に自立できるかどうかだと思います。

私自身が自立するきっかけをつかんだのは、高校時代のことでした。

私が通った高校は、千葉県立木更津高等学校という、旧制中学の流れをくむ、質実剛健・自主自立を校訓とする伝統校です。

たしか、入学前の説明会で、「まず池田潔さんの『自由と規律――イギリスの学校生活』(岩波新書)という本を読んで登校初日に感想文を提出しなさい。木更津高校が君たちに教えたいことが、そこには書いてある」と、言われたことを覚えています。

池田さんはイギリス文学者で、一九四五年から一九七一年にかけて慶應義塾大学の文学部英文科教授を務めた方なのですが、さっそく購入して読んでみると、その本には、池田さんが、一七歳でイギリスに渡って、パブリックスクールのリース校で学んだことが書かれていました。

戦前のパブリックスクールなので、文字どおり特権階級のエリートを養成する学校で、規律もたいへん厳しかったようです。

そこで池田さんは、スポーツや勉学を通して、日本で言う文武両道の精神や、仲間とのチームワークの大切さを学んでいったのですが、何より私の心に残ったのは「自由を獲得するには、まず規律を守る必要がある。そしてその先に自立がある」というようなことが書かれていたことです。

つまり、木更津高校の先生方が私たち新入生に何を言いたかったかと言うと、「三年間をどう過ごすのも君たちの自由だ。三年で卒業して大学進学するのか、それとも一浪すればいいやと思って三年間をのんびり過ごすのか、それは君たちの自由だ。私たちはあなたたちを大人として扱う。だから自主的に規律を守り、自立してほしい」ということだったのです。

そのとおり、木更津高校は本当に自主・自立を重んじる学校でした。校風は自由で、校則に縛られることもなく、私が在学していた頃は、先生方から「勉強しなさい」と言われたことは三年間で一度もありませんでした。

授業中は水を打ったように静かでした。一言も私語を発する人はいない。ただし、好きな本を読んでいたり、寝ていたりする人はいる。でも人にけっして迷惑をかけない——。

それがいいか悪いかは別にして、そんな環境の中で、私は**「大人になるとは、自分の人生を自分の判断で決めることだ」**と教えられたような気がします。

自分がストレートで大学に行きたければ、自主的に三年間、一生懸命勉強すればいいし、部活動に力を注ぎたければ、後悔のないように打ち込めばいい。それを決めるのは自分自身であるということです。

私は部活動に力を注ぎ、残念ながら、自分を律することができず、目指していた学校はことごとく不合格になってしまいましたが、結果的に私を拾ってくれた学校ではすばらしい仲間に出会えましたので、後悔はありません。「自分の人生は自分で決めるものだ」という意識を高校時代にしっかり植えつけられたことは間違いありませんし、そのことは大人になってからも非常に役に立っています。

ですから、私は学生にも「まずは自立しなさい。大人になりなさい」と教えてきました。

たとえば、就職でも先生から言われたからここを受けるとか、有名だから受けるとかではなくて、自分の意思を持って決めることが大切だということです。
それと同時に、私は**「人前で堂々と意見を言えるということが自立できていることである」**とも伝えてきました。

自分を確立していないと、人に対して自分の意見を堂々と発することはできませんし、ついつい人の言いなりになってしまいます。それではとても自立することはできないですし、社会に出てから、仕事で成功することも、人の上に立つこともできません。

自立している人の言葉には力があります。

自立している人は、その人なりの人生経験の裏打ちがあるからこそ、自信にあふれ揺らがないのです。また、そういう人の話には説得力があるために聞いていても刺激に満ちていてパワーをもらえる気がします。

だからこそ、自立して生きている人の周りには人が集まるのではないでしょうか。

チャンスのつかみ方

「運がいい人」になる

「チャンスの女神に後ろ髪はない」と言います。

この言葉は、もともとはギリシャ神話に登場する「カイロス神」の話からきたものだそうです。

カイロスはギリシャ語で「機会（チャンス）」を意味しますが、カイロス神は、頭にひとつかみの前髪だけが生えていて、肩とかかとに翼があって動きがとても素早い神です。

そのカイロス神（チャンス）を捕まえるには、後ろ髪がないので前髪をつかむしかありません。通り過ぎたあとで捕まえることはできないというわけです。

余談ですが、カイロス神は美少年の神とされていますが、時代とともに「運命の女神」と同一視されるようになったようです。

それはさておき、チャンスをつかむというのは、本当にカイロス神の前髪をつかむようなものだと思います。

「ここぞ!」というときにつかまなかったらもう遅い。気がついたときには、もう絶好の機会を逃していて悔しい思いをすることになってしまいます。

チャンスというのは特別な誰かのもとにだけやってくるものではなく、みんなに平等に巡ってきているのではないでしょうか。

それをつかんだか、つかんでいないかの違いであり、つかんだ人が「運がいい」と言われ、つかみ損なった人が「運が悪い」と言われるのだと思います。

およそ、**チャンスは、「これだ!」とはっきりわかる形でやってくるものではありません。**成功するかしないかわからない。うまくいくか失敗するかの確率が五分五分ならいいほうです。

だから、人はそれがチャンスなのかどうか、迷ってしまうのです。

でも、そこで迷ったあげく見逃すか。

それとも迷わず飛びつくか。

その差が、チャンスをつかめるか、つかめないかの差になるのです。

つまり、恐れて何もしない人はいつまでたってもチャンスをものにできないのに対し、「仮に失敗しても、その中から学べば次のチャンスにつながる」と前向きに思える人は、チャンスをものにできる可能性を秘めているということです。

またチャンスというものは、なにも自分だけで見つけられるものではありません。むしろ、**他の人から、「こんな話があるんだけど」と持ちかけられるチャンスのほうが多い**と思います。そんなとき、「私なんて」と逃げるようではチャンスをつかむことはできないでしょう。

そもそもそんな話を持ちかけるとき、いっしょに組んで失敗しそうな人に声をかけるような人はいません。声をかける段階でいろいろ検討していますし、持ちかける相手もしっかりとセレクトしています。それだけ成功の可能性が高い話である場合が多いのです。

それにもかかわらず、頭から「私なんて」と断るのは、カイロス神が通り過ぎるのをみすみす見送るようなものでしょう。

そういえば、私が専門学校で教えるようになったのは、主人が講師として教えていた関係で、「やってみたら？」と声をかけられたのがきっかけでしたが、最初はまったくやる気がなかったのです。

なにしろ司会者としていちばん売れている時期で、年間一八〇本ほどこなしていましたし、司会者になりたいという希望者を指導したりもしていましたから、とても忙しかったのです。

また、学生を学校で教えるなんて経験はこれまでなく、自信もありませんでした。

でも、そのときこう考えました。

「私はこれまで、周りの人からすすめられたことは素直に受け止めてやってきた。それが結果的にプラスだったことが圧倒的に多い。せっかく声をかけてもらっているのに断るのはマイナスだな」

そして、あのとき新しい世界に飛び込んで正解だったと思います。結局、専門学校で一四年間も学生を教えることになりましたが、その経験は何ものにも代えられない貴重なものとなりました。

正直に言うと、最初の一年間はとてもつらかったのです。教えはじめたのは三五歳のときですが、それまでにどちらかというと波瀾万丈な人生を歩んでいたので、もうそれほどこわいものはないと思っていた私ですが、そんな人生の中でも最も苦しい時期だったと言ってもいいほどです。

学生とどう向き合っていいのかまるでわからないし、授業の進め方もゼロから学ばなければなりません。

そもそも、若い子たちと言葉が通じない……。悩んだり迷ったり、あんなに苦しい思いを味わったことはありません。

でも、その一年間で学生にずいぶん鍛えられました。そのおかげで、学生目線で考えることができるようになりましたし、また何より自分の未熟さもわかったことで、学生に寄り添うことができるようになったのが大きかったような気がします。

チャンスをつかむのはけっして楽なことではないのかもしれません。ただ、チャンスは活かすも殺すも自分次第。まずはチャレンジしてみること。一度きりの人生、失敗を恐れず果敢に挑んでみる。それがいい運気をもたらすのだと思います。

勇気を与える一言

「責任を取れる人」になる

専門学校で、私はブライダルを専門に教えていましたが、私が担当していたブライダルコースは、当初、ホテル学科の中の一つのコースとして誕生しました。

それをブライダル学科として独立させようとしたときには、組織の問題ですから根回しも必要で、本当にたいへんでした。

そもそも私がブライダル学科を立ち上げようと思ったのは、時代の変化とともに、それまでのコースでは、学生たちが現場で求められる専門スキルを身につけることができなくなってきたからでした。それではなかなか就職には結びつきません。

ですから、きちんと学科を立ち上げて指導しなければならないと考えたのです。

でもなかなか理解を得られないまま行き詰まってしまい、最後はこれ以上もう手がないというところまで追い込まれてしまいました。

そこで私は、最初に私を採用してくれた上司を訪ねて、大阪まで足を運びました。

そのとき私は、ブライダル学科がつくれなければ、自分が理想とする学生を育て上げることができないので、退職しようとまで思い詰めていました。

その方に多くを語ったわけではありません。一言、「自分が先頭に立って学科を立ち上げたい」と相談したところ、その方はこう言ってくださいました。

「ブライダル学科、大いにけっこう。**あなたは、あなたが思うように、萎縮しないでのびのびやってごらんなさい。何かあったらフォローするから。うまくいかなかったら、もう一度訪ねていらっしゃい**」と。

その言葉で私は開き直ることができました。そして東京に戻って、学科としての新しい提案を行ない、みなさんを説得し、学校責任者である上司の温かいご理解を得て、ブライダル学科を立ち上げることができたのです。

もし、あのとき「何かあったらフォローするから」という一言がなかったら、私は次の一歩を踏み出せないまま、あきらめていたかもしれません。

やはり、「やってみなさい。あとは自分が受け止めるから。失敗しても私が責任を取るから」と言ってくださる人がいるかいないかはとても重要です。

今はまだまだですが、私自身もそうやって誰かの「後ろ盾」になれるだけの能力をいつか身につけたいと思っています。

安定感がある人、
ない人

家族を大切にする

家庭がうまくいっている人や、家族を大切にする人は、安定感があると言われますし、よく「家庭を治めることもできなければ、仕事でもいい結果を出せない」などとも言われます。やはり、**最も身近な人との関係がきちんとしている人は信頼されると**いうことでしょう。

結婚披露宴の司会をしていると、本当に人生の縮図を見ているような思いにとらわれることがあります。

じつは全員がハッピー、ハッピーではなくて、花嫁の父はやはり複雑な思いを抱いていることが多いですし、じつは花嫁が昔付き合っていた人が式場の中にいる場合もあります。あるいは、女性の招待客の中には、「なんで私は呼ばれたのかしら」と思っている人がいたりして、修羅場になることも……。

そんなふうにさまざまな人間ドラマが生まれる披露宴ですが、その披露宴が成功するかどうかは、新郎新婦の入場のときの拍手の数と音でわかります。

心から祝福されている二人で、みんなが心からおめでとうと思っているようなカップルの場合は拍手が鳴りやまないし、拍手の音も大きい。それに対して、義理で来ている人が多い披露宴だと、人数がどんなに多くても拍手の数も音もそれほどではないのです。

あとは両家の問題ですね。親御様同士がうまくいっていると、みなさんがにこやかで、とてもいい雰囲気が生み出されます。そういう披露宴ですと、「ああ、きっとうまくいくだろうな」と思いますし、逆に会話がなんとなくよそよそしいときには、「大丈夫かな……」と心配になったりもします。

また、ご両親への花束贈呈のときに、新婦が感謝のお手紙を読む際、相手の親御様への言葉がきちんと添えられているのを聞くと、「相手のご両親も大切にできる花嫁だから、きっと大丈夫」と思えますが、逆にその言葉がないと、「あれ、この先大丈夫かしら」と思ったりもします。

いずれにしても、家庭がうまくいくかいかないかは、はたから見てもなんとなく感じ取れるものです。だから、家庭がうまくいっている人は安定感があるという評価につながっていくのだと思います。

人間心理とは
こういうもの

約束を守る

どんな世界でも、どんな人でも、「約束を必ず守る」ということは何より大切だと思います。

それは絶対的に、確実に、信頼につながるものだからです。

「明日、電話をする」と約束したら、必ず明日、電話をしなければいけないし、「今日中に送る」と言ったら、必ず送らなければいけません。

もちろん人間ですから、たまには電話し忘れてしまったとか、「明日でもいいかな」なんて先延ばしにしてしまったりすることはあると思います。でも、それが重なると、信頼を失っていくことになります。

人は、たとえば「一週間以内にお返事します」と言われると、次の日から待つものです。一週間以内にと言ったら、じつは一週間後では遅いのです。

より信頼されたいのであれば、待っているであろう相手のことを考えて、できるだけ早く対応するべきです。

就職先が決まり、卒業していく学生にこのことを言い聞かせるときにはよく「**就職活動のときを思い出して。面接官から、結果は一週間以内にと言われたときどうだった？　もう翌日から待っていたでしょう？**」と言っていました。

「人の心理っていうのはそういうもの。お客様のそういう心理を考えることが大切なのよ」などと教えていました。

実際、現場でトラブルが起きることがあります。

たとえば、ウェディングプランナーはお客様と打ち合わせをしてプランを立て、見積りまでつくってお渡しするのが仕事です。おおまかな内容が決まった時点ですぐに見積書をつくり、たいていの場合は、打ち合わせのあとに少しお待ちいただいてお渡しします。

しかし、ときにはその一〇分、二〇分が待てないというお客様がいて、後日郵送するケースがあります。

ところが、それが一週間してもお客様のもとに届かなかったりすると、「こんないいかげんな会場はやめよう」と、即、キャンセルにつながってしまいます。

また、披露宴の費用は、最終的な見積書に沿って作成した請求書をもとに事前払いをしていただくのですが、その請求書が約束した日に送られてこなかったために、お客様が費用を払わないと言い出して裁判沙汰になりかけたこともありました。

ですから、なるべく早めに行動を起こすことが求められるのです。

大切な仕事であればあるほど約束は守らなければなりません。

私自身も常に気をつけたいと思う大事なことです。

これまで出会った人を大切に

疎遠になっている人に連絡してみる

世間には、地位の高い人や権力を持っている人とのパイプをつくるのが人脈づくりだと思っている人が少なくないようです。そんな人と多く知り合っておけば、何かのときに役に立つし、そういう人と知り合いだというだけで、自分も高く見てもらえると思っているのでしょう。

でも、それは大きな間違いだと思います。

たしかに地位の高い人や権力を持っている人と知り合っておけば、役に立つこともあるでしょう。

でも、そんな下心を持って近づいてきた人と付き合うほうもまた、この人を利用してやろうと思っています。困ったときだけ近づいてくる人に対して本気で助けてあげようなんて思う人はいないですし、使えないとなると、すぐに切り捨てようとするでしょう。

そんな不毛な人脈ばかり追うなんて時間の無駄遣いです。本当の人脈は、日常的なお付き合いの中でつくりあげていくべきです。

そもそも私たちは、多くの人に助けられて生活し、仕事をしていますが、いい仕事をすると評価されている人の周りには、本当に素敵な人たちが集まっています。友人はもちろん、仕事で出会った人、また誰かに紹介してもらった人など、じつにさまざまな立場の人が、「その人のためなら」と動いてくれます。

でも、そんな人は意識して人脈を広げてきたわけではありません。古い言い方かもしれませんが、縁を大切にして、義理を欠くことなく、まめに連絡を取るようにしているうちに、自然にそんな人脈ができていったのです。

これは縁を非常に大切にして生きている私の主人の口ぐせですが、**「縁はこちらが連絡を絶たない限り、けっして切れることはない」**のです。誰かと疎遠になっている場合には、自分自身が連絡を取ることを怠っていませんか?

私たちは、常にいろいろな人との出会いを重ねています。その中には本当にいい関係を築ける人がいるはず。

ただ、それに気づかず、せっかく出会ってもすれ違ってしまう人が多いのです。待っているだけではいい人脈は築けません。

相手のことを思う心を持って自ら動くべきです。日頃から人を大切にしている人の周りには人が集まり、その人がまた人を呼び、いざとなったときに頼りになる人がたくさん集まっているものです。

ぜひ、本書のテーマである「また会いたいと思われる人」になって、いろいろな人との輪を広げていってほしいと思います。

情報化社会のルール

節操を守る

「節操を守る」なんて言葉は、今の若い人にとってはもはや死語かもしれませんが、でも、人間は何かしらの暗黙のルールを守って生きている存在です。そのルールも守らず、節操なく「なんでもあり」のような人は、何かあったとき、それこそ誰にも守ってもらえないということを肝に銘じておくべきでしょう。

そこまで厳しく言わなくても、たとえば、節操のない人は、なかなか組織の中で地位を確立できないのが現実です。

A部長が上司だったときにはA部長の言うままに動いていたのに、B部長が上司になったとたんにA部長のダメ出しをするような人は、周りの誰からも信頼を得られません。

そういう人は、なんだか肝が据わっていないし、何事も信念を持って貫き通せないと見られてしまい、周囲の人から「あの人はいざとなったら責任取らないよね」「きっと何があっても言い逃れをするよね」などと思われているのです。

これはちょっと特殊な例になるかもしれませんが、司会者は基本的にプロダクションに所属していて、そこからホテルや式場に派遣される形が一般的なのですが、一つのプロダクションに所属する人と複数のプロダクションに所属する人がいます。

もちろん、そのいずれを選択するかは、その人次第です。

でも、複数のプロダクションに所属している人にはなかなかいい仕事は回ってきません。依頼するほうも、節操なく複数のプロダクションに所属している人より、**一つの組織で腰を据えてがんばっている人のほうが信頼できる**からです。

また、実際、一つのプロダクションに所属して、そのプロダクションの中でナンバーワンになりたいとか、たとえば、あこがれのホテルの仕事をしたいなどと、明確な目標を持っている人のほうが最終的には力をつけていくものです。つまり、節操を持って仕事をする人のほうが、本物になれる確率が高いと、私は思います。

それにしても最近はさまざまなことが規制されて、窮屈な生き方を強いられているような気がしてなりません。

私は若輩者ですが、昭和のおおらかなよき時代を知っているだけに、いつからこんなふうになってしまったのかとふと思うことがあります。

昔は、なんとなく一人ひとりが節操を守っていたからこそ、ルールや厳しい規制を敷かなくても、持ちつ持たれつの関係で、ことがうまく回っていたのではないかと思います。

たとえば、芸能界では、現在、不倫だの浮気だのという話題に事欠きません。不倫はもちろん倫理からはずれる行為ですから、多くの場合、批判されるわけですが、なかには、許される人もいて、むしろそれをウリにしている人もいます。

不倫・浮気は世の中のルールとしてはいけないことかもしれないけれど、おそらくそういう人は、奥様との間で暗黙のルールがちゃんとできているのでしょうし、付き合う女性のほうもそれなりに立場をわきまえていて、それぞれが節操を守っているのではないでしょうか。いいたとえではないかもしれませんが。

現代では、何も反論できない人を徹底的に叩くような風潮が社会一般にも広がっているように思います。

たとえばいじめの問題にしても、誰かが誰かの悪口をSNSに書き込むと、それがあっという間に拡散して、悪口の連鎖が起きてしまう。みんなが節操なく罵詈雑言をあびせ、何がなんでも許さないみたいな風潮になっています。インターネットの世界には、匿名であるのをいいことに、ひどい誹謗中傷の言葉があふれています。まさに節操がなくなってしまったように思うのです。

完璧な人間はいません。お互いを許し合うおおらかな心を持って行動することが求められているように思います。

人それぞれが築く人間関係の中において、許されることと許されないことがあります。およそ、**節操・節度を守れる人というのは、相手の立場を慮《おもんぱか》り、ときには自分が我慢しよう、ときには相手を守ってあげよう、と考えることができる人**です。ですから、信頼されるし、また会いたいなと思ってもらえるのです。

誰でも情報が発信できる社会だからこそ、欲望のままに動くのではなく、節操を守ることがますます重要になっているのではないでしょうか。

組織の中で、家族との間で、友人との関係において、どんな場面でも節操を守って生きていきたいものだと思います。

人として
いちばん大事なこと

努力し続ける

引き受けたことは必ず最後までやりとおす。

与えられた務めをきちんと果たす。

頼まれたことはしっかりやる。

約束はぜったい守る。

どれも当たり前のことかもしれません。でも、それを完璧に実践するのはなかなかたいへんなことでしょう。

それでも、努力は続けるべきです。たとえ、それを完璧に果たすことができなくても、努力する姿を見ている人が必ずいます。それは上司かもしれませんし、部下かもしれません。**「誰であろうと、あなたを見ている人が、あなたへの評価を決定づける」**ことになるからです。

その評価の背景にあるのは「責任感があるかどうか」です。責任感の薄い人は、ちょっとしたことで挫折して、努力なんかしなくなります。一方、責任感の強い人は、最後の最後までがんばります。人はそれを見ているし、だからこそ責任感の強い人は多くの人から信頼され、慕われるようになるのです。

たしかに会社の中には、責任感が強くないのに出世している人もいるようです。それどころか、「部下の手柄は自分のもの、自分の失敗は部下のせい」なんて不届き者が出世していることもあるでしょう。

でも、そういう人の末路は哀れなものです。役職をはずされたとたん、誰にも見向きもされなくなってしまうでしょう。

ところで、最近のニュースを見ていて、過重労働のあげく、健康を害したり、自ら命を絶ったりするケースが目につきます。そこまで追い込んだ会社の在り方がいちばんの問題であることは言うまでもありません。

私は、在学中の学生には、「入社したら、どんなことがあっても、三年間は辞めない覚悟を持って！」と今の時代にしてはきついことを言っていました。

ただし、卒業生が「仕事がつらくてしかたがない」と相談に来たときには、「会社はあなたがいなくても回る。明日あなたが会社に行かなくてもどうにかなる」と言っています。「本当にダメだと思ったら、明日会社に行かなくてもいいのだ」と。

たいていの卒業生は、その言葉を聞いて、「いつ辞めてもいいのだと思ったら、逆にだいぶ楽になりました。もう少しがんばります」と言って帰ります。

そして、その後、状況が好転し、生き生きと仕事を続けているケースが多くあります。

一方、なかには、かなり参っていたようで、数日後、「やはり、辞めることにしました」と、報告がくる場合もあります。本当に追い込まれていたのだと思います。そのようなときには、きちんと退職手続を取り、礼を尽くして辞めるようにアドバイスしていました。もちろん、次の転職先の相談にも乗っていました。

責任感を持つことは、とても重要ですし、私自身、仕事をするうえで、最も重きを置くところではあります。

でも、自分の健康を害してまで会社の期待に応える必要なんてありません。

もし、健康を害してしまったら、もっと大切な責任を果たせなくなります。その責任とは、**本当に自分のことを愛し、信じている、家族や友人のために健康でいること**です。

責任感を持ってがんばっている若い人がつらい思いをしていることは、本当に心苦しく思います。

だから、部下を持つ立場の人というのは、部下を愛し、信じる存在であるべきです。仕事の成果を上げることより、部下一人ひとりの存在そのものに責任を持つことが求められているのだと思います。

大人が若い人を育てていくこともある種の責任です。お互いに健全な責任感を持つことで、健全な社会をつくっていけるのではないでしょうか。

結びに代えて

謙虚な心で一生を生きる

結びに一つ、詩人の吉野弘さんの『祝婚歌』を紹介しましょう。

二人が睦まじくいるためには
愚かでいるほうがいい
立派すぎないほうがいい
立派すぎることは
長持ちしないことだと
気づいているほうがいい
完璧をめざさないほうがいい
完璧なんて不自然なことだと

うそぶいているほうがいい
二人のうちどちらかが
ふざけているほうがいい
ずっこけているほうがいい
互いに非難することがあっても
非難できる資格が自分にあったかどうか
あとで疑わしくなるほうがいい
正しいことを言うときは
少しひかえめにするほうがいい
正しいことを言うときは
相手を傷つけやすいものだと
気づいているほうがいい
立派でありたいとか
正しくありたいとかいう
無理な緊張には色目を使わず
ゆったりゆたかに

光を浴びているほうがいい
健康で風に吹かれながら
生きていることのなつかしさに
ふと胸が熱くなる
そんな日があってもいい
そしてなぜ胸が熱くなるのか
黙っていても二人には
わかるのであってほしい

結婚披露宴のスピーチでよく引用される詩です。

結婚する二人へのはなむけの言葉としてつくられたものですが、日常の生活において、人との関係において、この詩のように謙虚な気持ちを持って生きていきたいものです。

本書は、小社より刊行した単行本を文庫化したものです。

鹿島しのぶ（かしま・しのぶ）
白百合女子大学文学部英語英文学科卒業後、会社員を経てプロの司会者として活動を開始。（株）総合会話術仟言流の代表を務め、ブライダルプランナーの役割も兼ね備えたプロ司会者の育成にも力を注いでいる。
また、2017年まで駿台トラベル＆ホテル専門学校ブライダル学科長を務め、ブライダル関連、接遇会話、ビジネスマナーの授業を担当した。
著書に『「品がいい」と言われる人』『99％人に好かれる「礼儀正しい人」』（三笠書房）、『敬語「そのまま使える」ハンドブック』『大人の表現「そのまま使える」ハンドブック』（以上、三笠書房《知的生きかた文庫》）などがある。

知的生きかた文庫

「また会《あ》いたい」と思《おも》われる人《ひと》

著　者　鹿《か》島《しま》しのぶ
発行者　押鐘太陽
発行所　株式会社三笠書房
〒一〇二―〇〇七二　東京都千代田区飯田橋三―三―一
電話〇三―五二二六―五七三四〈営業部〉
　　〇三―五二二六―五七三一〈編集部〉
https://www.mikasashobo.co.jp
印刷　誠宏印刷
製本　若林製本工場

ISBN978-4-8379-8808-3 C0130

知的生きかた文庫

仕事も人間関係もうまくいく放っておく力

枡野俊明

いちいち気にしない。反応しない。関わらない――。わずらわしいことを最小限に抑えて、人生をより楽しく、快適に、健やかに生きるための、99のヒント。

心配事の9割は起こらない

枡野俊明

余計な悩みを抱えないように、他人の価値観に振り回されないように、無駄なものをそぎ落として、限りなくシンプルに生きる――禅が教えてくれる、48のこと。

人生うまくいく人の感情リセット術

樺沢紫苑

この1冊で、世の中の「悩みの9割」が解決できる！ 大人気の精神科医が教える、心がみるみる前向きになり、一瞬で「気持ち」を変えられる法。

やっかいな人から賢く自分を守る技術

石原加受子

嫌な人間関係からもたらされる、迷惑やイライラ。「平気で他人を傷つける人」から身を守り、争わずに勝つには？ 接し方一つで、相手の態度はこんなに変わる！

悩まない生き方

矢作直樹

視点を変える。足るを知る。それだけで人生は輝く――。救急医療の現場で命と向き合ってきた医師が語る、悩みと上手に付き合いながら、今を楽しみ悔いなく生き切る秘訣。

C50449

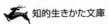